Jiceng Shehui Zhili
Lilun Yu Shijian

基层社会治理理论与实践

彭道伦 颜晓梅 倪春华◎主编

中国经济出版社
CHINA ECONOMIC PUBLISHING HOUSE
北京

图书在版编目（CIP）数据

基层社会治理理论与实践 / 彭道伦，颜晓梅，倪春华主编.
北京：中国经济出版社，2015.10（2024.6 重印）
ISBN 978－7－5136－3993－4

Ⅰ.①基… Ⅱ.①彭… ②颜… ③倪… Ⅲ.①社会管理—研究—中国 Ⅳ.①D63

中国版本图书馆 CIP 数据核字（2015）第 248037 号

责任编辑　姜　静
助理编辑　汪银芳
责任审读　贺　静
责任印制　马小宾
封面设计　久品轩

出版发行　中国经济出版社
印 刷 者　三河市金兆印刷装订有限公司
经 销 者　各地新华书店
开　　本　710mm×1000mm　1/16
印　　张　12.75
字　　数　154 千字
版　　次　2015 年 10 月第 1 版
印　　次　2024 年 6 月第 2 次
定　　价　69.80 元
广告经营许可证　京西工商广字第 8179 号

中国经济出版社 **网址** http://epc.sinopec.com/epc/ **社址** 北京市东城区安定门外大街 58 号 **邮编** 100011
本版图书如存在印装质量问题，请与本社销售中心联系调换（联系电话：010－57512564）

编 委 会

前 言

社会建设是国家建设的重要组成部分，新中国成立后特别是改革开放以来，我们党在社会建设理论和实践方面进行了不懈探索。党的十六大将社会管理明确为政府的四项主要职能之一；党的十六届三中全会从完善社会主义市场经济的视角提出完善政府社会管理职能；中共十六届四中全会从加强党的执政能力建设、构建社会主义和谐社会的角度突出了加强社会管理的重要性，并对如何加强社会管理作出了重要部署，首次提出，“建立健全党委领导、政府负责、社会协同、公众参与的社会管理格局”；中共十六届六中全会对加强社会管理的具体途径进行了部署；党的十七大从实现全面建设小康社会新要求的角度提出了建设更加健全的社会管理体系的要求，在重申“健全党委领导、政府负责、社会协同、公众参与的社会管理格局”的同时，提出了“要最大限度激发社会创造活力，最大限度增加和谐因素，最大限度减少不和谐因素”的新要求；中共十七届三中全会将“农村社会管理体系进一步完善”列为“2020年农村改革发展基本目标任务”之一，并从促进社会和谐、建设社会主义新农村等角度突出了加强和完善农村社会管理的重要性，突破了传统意义上社会管理只停留在城市管理层面的局限，使得社会管理的内涵更加丰富；党的十八大将社会管理和民生并列为社会建设的重要内容，实现了从社会管理格局向社会管理体制的转变，并且在社会管理体制中增加了“法治保障”这一新内容；中共十八届三中全会将推进国家治理体系和治理能力现代化作为全面深化改革的总目标，明确提出创新社会治理体制、提高社会治理水平，这体现了我们党对共产党执政规律、社会主义建设规律、人类社会发展规律认识的不断深入，是我国从传统社会管理转向现代社会治理的重要标志。

对于现代国家来说，基层治理是国家治理体系的重要组成部分，是国家长治久安的基石。无论是奉行自治原则的基层治理还是与国家政权体系相连的基层治理，都是作为现代国家建设的基石而拥有不可替代的地位与作用。“基础不牢，地动山摇”，社会治理的重心在基层，推进改革发展稳定的大量工作在基层，推动党和国家各项政策落实、落地的责任主体在基层，驱动国家治理体系和治理能力现代化的基础性工作在基层，区（县）、乡镇（街道）和农村是基层社会治理的主阵地，是社会治理中服务群众的“最后一公里”。

为了深入宣传中共十八届三中全会精神，切实把全区党员干部的思想和行动统一到市委、区委的决策上来，把智慧和力量凝聚到推进“三区一城、幸福涪陵”建设的实践中来，中共重庆市涪陵区委党校组织部分理论工作者编写《基层社会治理理论与实践》一书。该书紧紧围绕中共十八届三中全会的精神，从以下方面进行深入阐释和解读：基层社会治理的内涵及特征，基层社会矛盾与社会治理，新中国成立以来我国社会治理体制的历史变迁，基层社会治理的结构和体系，加强和完善党对基层社会治理的领导，创新社会治理体制，充分发挥政府主导作用，发挥人大作用、有序推进基层分与成治理，创新流动人口管理中的体制与机制，创新社区多元矛盾化解机制，培育社会组织、建构基层协同治理新格局，等等。

全书深入浅出、通俗易懂，具有较强的理论性、针对性和可操作性，有利于涪陵区广大党员干部学习掌握中共十八届三中全会的精神实质，进一步增强贯彻落实市委五大功能区的区域发展战略，推动“三区一城、幸福涪陵”建设。

编委会

2015 年 8 月

目 录

第一章　基层社会治理的内涵及特征

一、从社会管理到社会治理 …… 1
二、基层社会治理的内涵 …… 4
三、基层社会治理的内容 …… 6
四、基层社会治理的主体 …… 8
五、基层社会治理的特征 …… 10
六、社会管理与社会治理的比较 …… 12

第二章　基层社会矛盾与社会治理

一、我国社会转型与基层社会矛盾 …… 15
二、基层矛盾高发态势考验党的执政能力 …… 19
三、加强和创新社会治理,增强基层政权的执政能力 …… 26

第三章　新中国成立以来我国社会治理体制的历史变迁

一、单位体制及其社会治理功能 …… 35
二、户籍制度及其社会治理功能 …… 42

三、社会转型与社会治理体制重建 …………………………………… 50

第四章 基层社会治理的结构和体系

一、指导思想 …………………………………………………………… 57
二、基本原则 …………………………………………………………… 61
三、目标任务 …………………………………………………………… 64
四、总体要求 …………………………………………………………… 73
五、总体格局 …………………………………………………………… 75

第五章 加强和完善党对基层社会治理的领导

一、重塑执政理念、提升基层党委统揽全局的能力 ………………… 79
二、创新基层党组织活动方式，发挥基层党组织的引领作用 …… 81
三、建立基层党建与基层社会治理的互动机制 ……………………… 84

第六章 创新社会治理体制 充分发挥政府主导作用

一、政府作用与社会治理关系 ……………………………………… 97
二、基层社会治理中政府工作的不足 ……………………………… 99
三、充分发挥政府主导作用的思路与措施………………………… 102

第七章 发挥人大作用，有序推进基层参与式治理

一、人大履职与社会治理的关系…………………………………… 111
二、人大参与社会治理的困境与障碍……………………………… 114
三、创新人大参与社会治理的思路与措施………………………… 117

第八章 创新流动人口管理的体制与机制

一、流动人口的内涵及类型…… 124
二、涪陵区流动人口发展概况 …… 126
三、流动人口管理的压力 …… 127
四、流动人口管理的实践探索 …… 129
五、涪陵区创新流动人口管理的思路与建议…… 132

第九章 创新社区多元矛盾化解机制

一、当前社区基层矛盾的类型与特点 …… 142
二、涪陵区社区矛盾化解的实践探索…… 149
三、社区矛盾化解的制度化建设 …… 152

第十章 培育社会组织，建构基层协同治理新格局

一、社会组织在基层社会治理中的重要作用…… 161
二、社会组织参与基层社会治理的典型案例…… 164
三、培育社会组织建构基层协同治理的思路与措施…… 169

第十一章 “枫桥经验”及其启示

一、“枫桥经验”简介 …… 176
二、“枫桥经验”的本质 …… 178
三、“枫桥经验”的历史启示 …… 179
四、正确学习运用“枫桥经验” …… 183

后 记 …… 194

第一章　基层社会治理的内涵及特征

2013年，中共十八届三中全会通过的《中共中央关于全面深化改革若干重大问题的决定》（以下简称《决定》）指出："全面深化改革的总目标是完善和发展中国特色社会主义制度，推进国家治理体系和治理能力现代化。"《决定》中多次提到"社会治理"一词，并且单列一章强调创新社会治理体制。新的"社会治理"概念的提出，引出了一系列问题：什么是社会治理？社会管理与社会治理是什么关系？二者之间有什么区别？值得探究。

一、从社会管理到社会治理

"社会管理"一词最早出现在1998年的《关于国务院机构改革方案的说明》中，强调政府的基本职能在于宏观调控，社会管理和公共服务。

2002年，党的十六大报告将社会管理明确为政府的四项主要职能之一，在第五部分"政治建设和政治体制改革"中，在谈到"维护社会稳定，完成改革和发展的繁重任务，必须保持长期和谐稳定的社会环境"时指出，"要坚持打防结合、预防为主，落实社会治安综合治理的各项措施，改进社会管理，保持良好的社会秩序"。在这里，社会管理被列为维护社会稳定的具体途径。

2003年，党的十六届三中全会从完善社会主义市场经济的视角提出完善政府社会管理职能。全会通过的《中共中央关于完善社会主义市场经济体制若干问题的决定》指出，“完善政府社会管理和公共服务职能，为全面建设小康社会提供强有力的体制保障”。把社会管理和全面建设小康社会紧密联系起来。

2004年，中共十六届四中全会从加强党的执政能力建设、构建社会主义和谐社会的角度突出了加强社会管理的重要性，并对如何加强社会管理作出了重要部署。全会通过的《中共中央关于加强党的执政能力建设的决定》首次提出，“建立健全党委领导、政府负责、社会协同、公众参与的社会管理格局”。这一论述表明，社会管理的创新途径在于坚持党的领导，实行政府负责，实现社会协同，积极调动社会公众参与。这就改变了以往强调单一政府管理的模式，突出了政府、社会和公民的协同管理，标志着党对社会管理认识的深化。

2005年，中共十六届五中全会从行政管理体制改革的角度强调了加强社会管理的必要性。全会通过的《中共中央关于制定国民经济和社会发展第十一个五年规划的建议》指出，“要着力推进行政管理体制改革，政府要加强社会管理和公共服务职能，不得直接干预企业经营活动”。同时指出，“加强社会建设和完善社会管理体系是构建社会主义和谐社会的必要条件”。

2006年，中共十六届六中全会对加强社会管理的具体途径进行了部署。这表明党对社会管理的认识实现了从宏观层面到中观和微观层面的转变，也表明党对社会管理的认识进一步深化。全会通过的《中共中央关于构建社会主义和谐社会若干重大问题的决定》将“社会管理体系更加完善”作为“2020年构建社会主义和谐社会的目标和主要任务”之一。它指出，“加强社会管理，维护社会稳定，是构建社会主义和谐社会的必然要求”。同时强调，“在服务中实施管理，在管理中体现服务”。

2007年，党的十七大报告从实现全面建设小康社会新要求的角度提出了建设更加健全的社会管理体系的要求。在重申“健全党委领导、政府负责、社会协同、公众参与的社会管理格局”的同时，提出了“要最大限度激发社会创造活力，最大限度增加和谐因素，最大限度减少不和谐因素”的新要求。这与构建社会主义和谐社会的要求相一致，体现了党的社会管理思想逐步成熟。

2008年，中共十七届三中全会将“农村社会管理体系进一步完善”列为“2020年农村改革发展基本目标任务”之一，并从促进社会和谐、建设社会主义新农村等角度突出了加强和完善农村社会管理的重要性。突破了传统意义上的城市层面的社会管理，使得社会管理的内涵更加丰富。

2009年，中共十七届四中全会从加强党的建设、保持党的先进性的角度强调了党提高社会管理能力的重要性和紧迫性。强调党在社会管理方面发挥至关重要的作用，并将提高社会管理能力作为建设高素质干部队伍的重点工作。

2010年，中共十七届五中全会从建立健全基本公共服务体系的角度提出“加强和创新社会管理”。全会通过的《中共中央关于制定国民经济和社会发展第十二个五年规划的建议》将“社会管理制度趋于完善”作为“‘十二五’时期经济社会发展主要目标”之一，并从法律、体制和能力建设方面对加强社会管理进行了部署。

2011年，中共十七届六中全会从文化体制改革的角度强调了社会管理的重要性。全会通过的《中共中央关于深化文化体制改革　推动社会主义文化大发展大繁荣若干重大问题的决定》指出，“创新文化管理体制。深化文化行政管理体制改革，加快政府职能转变，强化政策调节、市场监管、社会管理、公共服务职能，推动政企分开、政事分开，理顺政府和文化企事业单位关系”。

2012 年党的十八大报告将社会管理和民生并列为社会建设的重要内容。实现了从社会管理格局向社会管理体制的转变，并且在社会管理体制中增加了“法治保障”这一新内容，体现了社会管理与依法治国的结合，同时对社会管理的措施提出了新要求。首先，强调“社会管理法律、体制机制、能力、人才队伍和信息化建设”。其次，强调“改进政府提供公共服务方式”。最后，强调社会管理的重点工作在于“加强基层社会管理和服务体系建设，增强城乡社区服务功能，充分发挥群众参与社会管理的基础作用”。

2013 年，中共十八届三中全会将推进国家治理体系和治理能力现代化作为全面深化改革的总目标之一。全会通过的《中共中央关于全面深化改革若干重大问题的决定》专列一章部署创新社会治理体制，并从改进社会治理方式、激发社会组织活力、创新有效预防和化解社会矛盾体制和健全公共安全体系等方面对如何创新社会治理体制进行了阐述。这是中国共产党成立以来在党的正式文件中第一次提出“社会治理”概念，标志着我们党执政理念的新变化。

二、基层社会治理的内涵

（一）治理

“Governance”即“治理”的概念，20 世纪 90 年代，联合国全球治理委员会对“治理”的界定是：“个人和各种公共或私人机构管理其事务的诸多方式的总和。”并列出了“治理”概念的四个特征：其一，治理不是一套规章条例，也不是一种活动，而是一个过程；其二，治理的建立不以支配为基础，而是以调和为基础；其三，治理同时涉及公、私部门；其四，治理并不意味着一种正式制度，但确实有赖于持续的相互作用。

“治理”作为一种理念，在20世纪后半期随着新公共管理理论的风行而得到学界和政界的青睐。最早是由世界银行在1989年发布的研究报告《撒哈拉以南的非洲：从危机到可持续增长》中提出的，该报告首次使用了“治理危机”一词。1992年，世界银行主题为“治理与发展”的年度报告中关于治理概念的提出被认为是治理理论的发端。此后，西方学者从不同角度对之做出了解释。盖伊·彼得斯通过对西方行政改革的研究，提出了治理的四种模式，并对这四种模式进行了分析，指出它们各有不同的理论基础，适用于不同的政府体制。让·彼埃尔·戈丹认为：“治理从头起便须区别于传统的政府统治概念。”詹姆斯·罗西瑙认为，治理的内涵比统治更广泛，治理的主体未必都是政府，各治理主体在能够达成共同一致目标的前提下有效地发挥作用。

治理理论自被介绍到我国以来，即受到我国学术界的重视。俞可平在考察了有关治理的多种定义后指出，“治理是指在一个既定的范围内运用权威维持秩序、满足公众的需要”，其目的是最大限度地增进公共利益。李风华从治理理论的渊源出发，指出治理的根本精神是契约观念和效率精神。何增科用治理和善治的理论框架分析了当代中国政治发展的成就。胡象明、唐波勇从公共管理的研究范式入手，指出整体性治理是公共管理的新范式，是治理理论的新发展，通过分析整体性治理的结构，阐述了整体性治理的协调、整合、信任机制。杨雪冬提出社会管理治理化的概念，通过把社会有效地组织起来，控制国家与社会以及社会内部的冲突，这是治理理论的一次深化。

（二）基层社会治理

按对“治理”的理解来看“社会治理”，可以做这样的界定：在社会领域中，从个人到公共或私人机构等各种多元主体，对与其利益攸关的社会事务，通过互动和协调而采取一致行动的过程，其目标是维持社会的正常运行和满足个人和社会的基本需要。

社会治理理论是西方治理理论的重要组成部分。由于西方国家治理理论奉行社会中心主义和公民个人本位，因此，理性经济人的社会自我治理在理论逻辑上构成了西方国家治理理论的核心内容。在特定意义上可以认为，西方国家的治理理论本质上即是理性经济人为基础的社会自我治理理论。

在我国，社会治理是指在执政党领导下，由政府组织主导，吸纳社会组织等多方面治理主体参与，对社会公共事务进行的治理活动，是“以实现和维护群众权利为核心，发挥多元治理主体的作用，针对国家治理中的社会问题，完善社会福利，保障改善民生，化解社会矛盾，促进社会公平，推动社会有序和谐发展的过程”。按照党好十八大报告，我国的社会治理是在“党委领导、政府负责、社会协同、公众参与、法治保障”的总体格局下运行的中国特色社会主义社会管理。

基层社会治理主要是指我国区（县）级行政区划及以下的社会治理，这是本书研究的重点。

三、基层社会治理的内容

《决定》提出要“创新社会治理，必须着眼于维护最广大人民根本利益，最大限度增加和谐因素，增强社会发展活力，提高社会治理水平，全面推进平安中国建设，维护国家安全，确保人民安居乐业、社会安定有序”。基于我国基层的特殊情况，基层社会治理的内容至少应包括以下四方面：

（一）实施社会控制，维护社会秩序

人类社会的存在和发展，既要变革，又要安定有序。无论什么形态

的社会，只有安定有序，才有可能进行正常的物质生产和精神生产。社会的安定有序是与社会控制相联系的，没有社会控制就不会有秩序，没有秩序就不会安定。因此，基层社会治理的首要功能就是实施社会控制。社会控制就是治理主体运用各种社会规范对社会成员的行为进行约束的过程。

社会控制主要依靠以下四种手段：一是法律控制，即强调社会成员必须遵守国家的法律，否则政府就会施以强制性的法律制裁。法律控制具有根本性，是实施社会控制的根本措施。二是道德控制，即将道德规范内化为个人或者社会群体的内在意识并有效地指导和控制个人行为的控制机制，相对于法律控制的强制性，道德控制则是一种软控制机制。三是行政控制，即通过严格的行政命令来维护社会秩序。四是舆论控制，即通过运用大众传媒输送、交流和反馈信息，借以统一人们的思想意识和行为模式，是现代社会控制的重要手段之一。

（二）实施社会政策，维护社会公正

社会政策的含义又被称为社会福利政策，“是指以公正为理念依据，以解决社会问题、保证社会成员的基本权利、改善社会环境、增进社会福利为主要目的，以国家的立法和行政干预为主要途径（但不是唯一途径）而制定和实施的一系列行为准则、法令和条例的总称。”一个国家、一个社会，只有具备完善的社会政策，才能实行科学有效的社会管理。完善的社会政策，对于修正市场的负面效应，协调社会群体的利益关系，化解社会矛盾，预防缓解社会发展过程中的不良后果，保障社会稳定运行和健康发展，具有不可替代的作用。尤其需要强调的是，社会政策总是与社会公正密不可分。从一定意义上讲，社会政策与社会公正是一件事情的两个方面。社会公正是社会政策的基本理念依据，社会政策是社会公正在社会领域的具体化，社会公正在很大程度上是通过各种各样的社会政策来实现的。要真正实现社会的公平和正义，就必须把它的

原则应用到产生贯穿整个社会分配后果的国家制度和政策上去。

（三）提供公共服务，促进社会进步

社会公共服务主要包括发展社会公共事业，进行公共设施建设，扶持第三产业发展，向全社会提供公共服务。作为基层社会治理主导力量的政府，有义务发展科技、教育、文化、体育、卫生、交通运输和邮电通信事业，尤其要承担自然科学和社会科学基本研究、义务教育、公共卫生、大众文化、全民健身运动等全体社会成员均需要的公共服务。以尽快提高本地区的科技文化发展水平、居民的科技文化素质，满足社会成员物质文化生活的多方面需求，为城乡居民创造健康、文明、高雅的生活环境；鼓励社会各方面大力发展第三产业，以满足社会成员不断增长的物质文化生活需求，形成政府和社会相辅相成、日益健全完善的社会服务体系等。

（四）培育多元主体，参与社会治理

西方国家的社会发展历史证明，一个独立于政治国家的公民社会，不仅适应了社会异质性的公共需求，培养了公民民主的生活方式和公共精神，还有效地填补了政府社会管理权力的合法性空白，减轻了政府的行政负担。因此，基本形成公民社会是社会治理工作的主要目标，也是充分履行社会管理职责的主要标志。以政府作为单一的社会管理主体，不仅在经济上无力承担重负，也不可能真正动员社会资源来满足庞大而多变的公共需求。因此，政府没有能力也没有必要独自承担全部社会管理的责任，应该引导和发展社区、中介组织和公民共同作为社会管理的主体。

四、基层社会治理的主体

基层社会治理是由多元的主体组成的公共行动体系，从其主体的来

源看，大体可分为政府部门与非政府部门两大类别。

（一）政府部门

这里的政府部门是广义概念，即党依法履行公职、纳入国家行政编制的部门。主要包括：党委、政府、人大、政协、检察、司法、人民团体和群众团体、民主党派及其部门和机构。

（二）非政府部门

这里的非政府部门也是泛指，即除政府部门外的部门，主要包括以下五大类：

1. 营利组织

营利组织指经工商行政管理机构核准登记注册的以营利为目的，自主经营、独立核算、自负盈亏的具有独立法人资格的单位，如企业、公司及其他各种经营性事业单位。

2. 非营利组织

非营利组织指不以营利为目的的组织，它的目标通常是支持或处理个人关心或者公众关注的议题或事件。非营利组织所涉及的领域非常广，包括艺术、慈善、教育、学术、环保，等等。

3. 舆论媒体

舆论媒体包括各种传播媒介，尤其是报纸、广播、电视等新闻媒介。媒体具有强烈的社会公共色彩，使得它承担着社会舆论导向和稳定社会的重要责任。

4. 基层自治组织

基层自治组织主要包括城市社区和农村村民自治委员会。

5. 社会公众与志愿者

如青年志愿者。

五、基层社会治理的特征

基层社会治理作为一项活动和工作，具有自身的运行特征，具体体现在以下六个方面。

（一）服务性

提高公共物品和公共服务的质量是有效治理社会的核心，为更好地体现社会管理的真实内涵，不断为社会提供公共产品和服务，应把握以下五个方面的内容：一是“以人为本”的服务理念；二是依法的服务准则；三是群众导向的服务模式；四是绩效评估的服务考核，用各类考核指标、评估指标来量化、细化工作标准，使工作机制达到优化；五是过错追究的服务责任。

（二）多元性

社会是由各个社会阶层和社会群体构成的，不同的阶层和群体的经济利益、社会地位和政治诉求都是不一致的。因此，社会治理必须非常重视治理主体的多元化——不论多数少数，不论强势弱势，不论公立民营，共同参与社会治理，共同分享发展成果。要引导全社会达成利益共识，尤其是针对长期目标的利益共识，就要建立一个适合多元主体参与的治理框架和社会机制。使多元主体都能够提出自己的利益诉求，然后在沟通交流、相互妥协、协商一致的基础上达成社会共识。

（三）动态性

新时期，随着社会治理的复杂多变、规模的庞大和相关因素的增多，社会治理活动表现出一定的动态性，它体现为为了实现社会的整体优化和持续发展而不断地调整自身的结构和功能，使治理的目标、政策、方针和措施不断适应社会内外部环境的变化。为此，只有准确及时地把握社会系统运动、变化和发展的客观规律，才能把握社会矛盾演化的基本趋势，并及时地调整治理工作的重心。

（四）开放性

开放性的外部特点表现为事物的输入和输出，而内部特点在于不断破坏自身旧的组成成分和不断组建新的成分，这两方面是互为条件的。就目前的基层社会治理来讲，也隐含着这两方面的含义：一方面是在功能的意义上，开放性是指社会治理应促进特定社会经济系统与周围其他社会经济系统的相互联系，使系统内部组织的建构与破坏同物质、能量、信息的输入输出统一起来；另一方面是在结构的意义上，开放性则是指建立有广泛参与和民主制度保障的相互协调、相互补充、相互加强的治理体系，真正实现分工协作。实践表明，任何国家要生存，都不可能把自己孤立起来、封闭起来。社会经济的闭关自守、自给自足，必然导致管理结构的封闭和高度集权，导致管理体制僵化、官僚主义盛行和管理的低效率。

（五）预见性

当前世界复杂多变，国内又处在改革发展的关键时期，各种社会矛盾会引发社会的不稳定，如失业、治安、公民权利保障、“三农”问题等，为了维护多年的改革成果，让人们顺利地步入全面的小康社会，这就要求政府应具有预见性与及时化解和处理各种突发事件与公共危机的应急能力。因此，政府应具有超前的眼光和科学预见的能力，不断增强社会组织自我运转的能力，通过调动社会力量来处理各种突发事件和公共危机。

（六）民主性

民主是指治理主体有参与国事或对国事有自由发表意见的权利。在传统的社会管理模式中，是政府与社会高度合一的集中管理模式，这种模式缺乏自我管理和自我发展的能力，最终影响到社会的协调、健康发展，尤其当政府不能及时发现和承认其所犯的错误时。随着社会的发展与进步，社会治理已经不能在采用一种管理方法的同时而限制其他不同的管理方式，应体现出民主性的社会管理特性，即政府在制定某一项政策的时候要充分考虑到广大民众的利益和要求，要充分征求广大民众的意见，还要允许大家发表不同的意见，有时还要在公开的媒体上进行公开的辩论。社会治理的民主性，既是时代发展的要求，同时也是实现社会治理目标的必然选择。

六、社会管理与社会治理的比较

具体来说，社会管理和社会治理的区别主要有以下六个方面。

（一）内涵不同

社会治理的概念起源于 20 世纪末，其内涵丰富并具有弹性。社会治理理论强调多元的分散主体达成多边互动的合作网络。按照全球治理委员会的界定，社会治理是各种公共或私人机构和个人管理其共同事务的诸多方式的总和；社会治理是使相互冲突的或不同的利益得以调和并且采取联合行动的持续的过程。

社会管理有广义和狭义之分。从广义上说，“所谓社会管理，就是把社会看作一个有机整体，通过运用计划、沟通、协调、控制、指导等手段，使社会系统协调有序、良性运行的过程”。从狭义上讲，“社会管理是政府和民间组织运用多种资源和手段，对社会生活、社会事务、社会组织进行规范、协调、服务的过程，其目的是满足社会成员生存和发展的基本需求，解决社会问题，提高社会生活质量”。党的十六大以来，从党和政府有关社会管理的文献可以看出，当前所强调的社会管理是指狭义的社会管理，即与政治、经济、文化并列的社会管理。

（二）主体不同

虽然社会管理是从政府和公民社会组织两个方面进行的管理行为，但其重点突出了政府的主导性作用，因此其主体相对单一，主要是各级政府及其职能部门；而社会治理强调合法权力来源的多样性，其来源既可以是政府机关，也可以是社会组织、企事业单位、公民等。因此，其主体呈现出多元化的特征，相应的社会治理的全过程也是多元的，体现了民主性的特点。

（三）主体承担的职责不同

社会管理的主要内容在于政府对社会进行管理，因此政府承担主要职责，政府的作用具有不可替代性；而社会治理更多地强调多元化主体共同承担责任，它们之间存在着较好的合作关系。国家和政府承担的责任日益减少，而各种社会组织、私人部门和公民志愿团体日益发挥着重大作用。

（四）实现形式不同

社会管理表现为主体从自身主观愿望出发来管理和控制社会，因此社会管理的实现形式是单一的自上而下型；而社会治理体现了民主发展的新趋势，它重视主体之间的合力作用，鼓励主体自主表达、协商对话，并达成共识，从而形成代表最广大群众根本利益的公共政策，因此其实现形式是立体式的多元互动型。

（五）实践路径不同

践行社会管理需要政府运用权力对社会事务进行部署和控制，带有行政命令性的色彩。而社会治理具有多种实践路径。除政府运用权力外，还包括市场、法律、文化、习俗等多种方式。例如，政府在社会治理中的主要作用是引导而不是管制，民间组织及公民社会在社会治理中发挥积极性、能动性，以形成良性互动，加强社会治理还需要社会创新和社会企业的积极配合等。

（六）与社会服务的关系不同

社会服务内含于社会管理之中。但由于社会服务主要是由政府提供的，社会成员对社会服务只能被动接受，别无他选。而社会治理强调社会成员积极主动地表达自己的需求，根据自身的实际情况提出满足自身的服务项目，政府则对这种服务项目的实施提供资金上的援助；社会组织对这种服务项目的实施具有自主性，但是要接受政府的监督和评估；社会成员和社会组织不再被动接受服务，而是主动表达需求，对项目进行选择，对服务实施供给。

从社会管理和社会治理的比较可以看出，社会治理使公民的积极性、主动性得以最大程度的发挥，公民参与社会生活的热情高涨，公民之间的合作进一步密切；它体现了社会的文明进步，有利于凝聚社会正能量，有利于化解矛盾，实现人与人之间的和谐相处。因此，实现由社会管理向社会治理的转变尤为必要。

第二章　基层社会矛盾与社会治理

当前，我国基层社会矛盾和社会冲突不断显现，防范和化解基层社会矛盾，已成为维护社会稳定、促进社会和谐的首要任务。与此同时，改革进入攻坚阶段，社会矛盾也向着多元化发展，并进入凸显与高发期，处理好社会转型与基层社会矛盾之间的关系是全面建成小康社会的重要保证。

一、我国社会转型与基层社会矛盾

（一）相关概念界定

1. 社会转型

社会转型是指人类社会由一种形态向另一种形态的转变，意味着社会系统内在结构的变迁，意味着人们生产方式、生活方式、价值观念等方面全面而深刻的变革。“社会转型表征人类社会全面发展和进步，体现社会结构及社会形态的变迁，是人类社会由低级向高级的前进上升运动。社会转型既包括社会制度的更替，即质变，也包括同一社会形态中社会制度内部的转型，即量变”。它主要体现在三个方面：一是体制转轨，即从计划经济体制向市场经济体制的转变；二是社会整体的和全面的结构状态过渡，即结构转换、机制转轨、利益调整和观念转变，而不仅仅是某些单项发展指标的实现；三是指社会形态变迁，即社会从传统社会向现代社会、从农业社会向工业社会、从封闭性社会向开放性社会的社会变迁和发展。

2. 基层社会矛盾

社会矛盾是指社会不同利益主体之间因各自的利益不同导致利益失衡而产生的冲突，或是不同利益主体与社会共同利益之间产生的对立和冲突。社会矛盾严重制约了我国社会的长治久安，影响了我国社会主义和谐社会的构建。

基层社会矛盾是指在基层社会的不同利益主体之间或者不同利益主体与其他社会个体之间因利益失衡产生的对立和冲突。改革开放以来，基层社会作为我国社会的一个特殊社会阶层，与城市的贫富差距越来越大，基层社会矛盾呈现出多元化和复杂化的特征，日益影响到我国基层社会的和谐。在本书中，基层社会矛盾纠纷是指在县一级以下乡村社会发生的争执、争议、纠纷、矛盾、冲突等，包括基层群众之间因婚姻、家庭、财产、宅基地、赡养、继承及轻微伤害等有关人身、财产权益方面发生的纠纷与冲突，是一种泛化的矛盾观。

（二）当前我国基层社会矛盾及其主要表现概述

当前我国正处于社会发展的转型期、经济发展的换挡期及文化进步的调整期，社会结构、经济结构及文化发展架构等都发生了深刻的变化，这是对传统的经济结构、社会关系和文化心理的极大挑战，“使原有单一、相对稳定的社会固化的社会模式经过一系列的震荡、分化和组合之后，社会的方方面面都呈现出多样性、差异性和复杂性等特点，甚至出现社会失衡现象”。在这快速的变革过程中，经济利益的不断调整、社会格局的剧烈变化及文化心理的冲突，导致社会矛盾和利益冲突不断发生，甚至会引发群体性社会突发事件不断增多，从而给整个社会带来巨大的压力，并影响整个社会的和谐与稳定。因此，深刻认识并分析当前基层社会所存在的矛盾和纠纷，探讨其化解的方法和途径，创新社会矛盾和纠纷的治理机制，是实现国家治理现代化目标及全面建成小康社会、实现“中国梦”的关键所在，具有十分重要的意义。

当前，国内学者对基层社会矛盾的表现形式有不同的分类方法。胡燕佼认为，我国基层社会矛盾的突出表现主要在五个方面：一是农村土地承包纠纷；二是城市建设征地和拆迁纠纷；三是民营企业用工劳动纠纷；四是产品或服务质量问题引发的消费纠纷；五是环境污染产生的生态纠纷。

陈冬仿认为，基层矛盾会影响基层政治活动，影响经济社会发展，破坏警民关系，易造成人心不稳等，从而影响基层社会管理秩序和基层社会的稳定。

郭志远认为，基层社会矛盾可分为城市基层社会矛盾纠纷和农村矛盾纠纷：城市基层社会矛盾主要是房屋拆迁、企业改制重组、职工下岗待岗、劳动就业等问题引发的矛盾纠纷占主要表现形式；还包含居民最低生活保障引发的矛盾纠纷，因食品药品安全引发的矛盾纠纷，因行政执法、基层干群关系引发的矛盾纠纷，因司法腐败引发的矛盾纠纷，因操纵证券内幕等金融问题引发的矛盾纠纷等。而农村矛盾纠纷的主要类型包括文化传统因素引起的农事纠纷，经济因素引发的矛盾纠纷，新兴的矛盾纠纷——诸如新生代的农民渴望获得与城镇居民同等的待遇，关注自己的正当权利是否被尊重等，领导干部的能力和工作问题引发的矛盾纠纷。

陈宏认为，基层社会矛盾主要分为三个方面：一是经济领域的社会矛盾，诸如经济发展不科学引发的矛盾、贫富差距较大引发的矛盾、就业压力增大引发的矛盾、社会保障滞后引发的矛盾、劳资关系紧张引发的矛盾；二是政治领域的社会矛盾，诸如官僚腐败问题引发的矛盾、法规制度不健全引发的矛盾、社会治安形势严峻引发的矛盾；三是思想文化领域的社会矛盾，包括价值观念冲突引发的矛盾、愚昧迷信引发的矛盾等。

陶郁和刘明兴认为，“群众社团对于加剧或者消解冲突（基层社会矛盾）具有重要作用”，还指出当代中国农村的基层群体冲突在主体、对象、诱因、形式和诉求等方面，都呈现出了鲜明的特点。就发起主体而言，除利益直接受损的农民外，还出现了一批在群体抗争中发挥“组织者”和“带头人”作用的精英参与者，包括“具有明确政治信仰的农民利益代言人”“民间知识分子”“本村经济能人”和“退休返村居住的‘城里人’”“卸任村干部、退休政府官员、宗族长老、教师以及宗教领袖”等村庄“公众人物”，甚至还有少数“现任村主任和村支书”。就针对对象而言，不仅包括基层政府及其工作人员，有时还涉及倚仗公权力欺压掠夺农民的黑恶势力。就诱因而言，主要包括征地拆迁、环境污染、村级选举、宗教宗族、黑恶势力和干部腐败等问题。就形式而言，除集体上访外，还包括围堵和冲击基层政府机关、攻击或拘禁政府工作人员、阻塞交通、占领工地或工作场所、游行示威、聚众械斗甚至骚乱。就诉求而言，学者们存在一定分歧，例如，贺雪峰认为冲突参与者“大都局限于经济要求，基本上没有政治性的权利的要求”；于建嵘认为一些基层冲突具有“政治性”；而应星和吴毅又对于建嵘的观点提出了疑问，强调不应高估冲突参与者的政治诉求。

同样，罗冬冬也认为，基层社会矛盾产生的根本原因是基层社会经济发展相对滞后、基层政府为人民服务的思想意识不到位，同时从内在来讲，基层社会矛盾产生也是基层群众自我维权和民主意识的提高。陈群祥还认为，在政治、经济、文化、社会各个领域表现出来的各种矛盾往往是不同利益主体、不同利益诉求引起的利益矛盾。而利益矛盾已经成为引发基层社会矛盾的主要方面，成为影响社会和谐稳定的主要因素。

综上所述，本书认为基层社会矛盾主要是因为民众民主法治意识提高与管理者能力缺位，利益主体和格局多元化，利益诉求多样化与社会公共产品、公共服务供给能力不足之间的失衡，民众的文化心理、不同宗教信仰等带来的行为差异以及宗族势力、家族势力等各种潜在的非正规组织势力与社会管理不善等之间的冲突所引起的。

二、基层矛盾高发态势考验党的执政能力

综合以上学者分类方法的已有研究成果，本书认为转型时期基层社会矛盾高发态势对党的执政能力具有较大的挑战和考验，集中表现在以下四个方面。

（一）经济方面的考验

我国经过了 30 多年的改革开放，综合国力和经济实力都有明显提高，尤其是经济总量跃居世界第二，成为世界第二大经济体。但是经济领域改革还不够彻底导致的一些问题凸显出来，比如贫富差距和就业难。

1. 贫富差距的问题

贫富差距问题又称贫富分化问题，历来都是世界各国关心的共同问题，国际上一般采用基尼系数来衡量一国贫富差距是否合理。基尼系数（Gini Coefficient）由意大利经济学家基尼于 1922 年提出，用于定量测定收入分配差异程度，其值为 0～1。基尼系数越接近 0，就表明收入分配越趋向平等，反之，收入分配越趋向不平等。国际上通常把 0.4 作为收入分配差距的“警戒线”，按照国际一般标准，当基尼系数高于 0.4 时，表示收入差距较大；当基尼系数达到 0.6 时，则表示收入差距悬殊。

2013 年 1 月 18 日，国家统计局首次给出了 2003 年至 2012 年官方

基尼系数的数据。2003 年至 2008 年，中国基尼系数从 0.479 增至 0.491，其间的 2004 年和 2007 年出现了回落拐点。随后，自 2009 年开始逐年回落，从 0.490 降至 0.469（如图 2-1 所示）。可见，过去 10 余年，基尼系数先是逐步增大，而后又略有减小的走势。

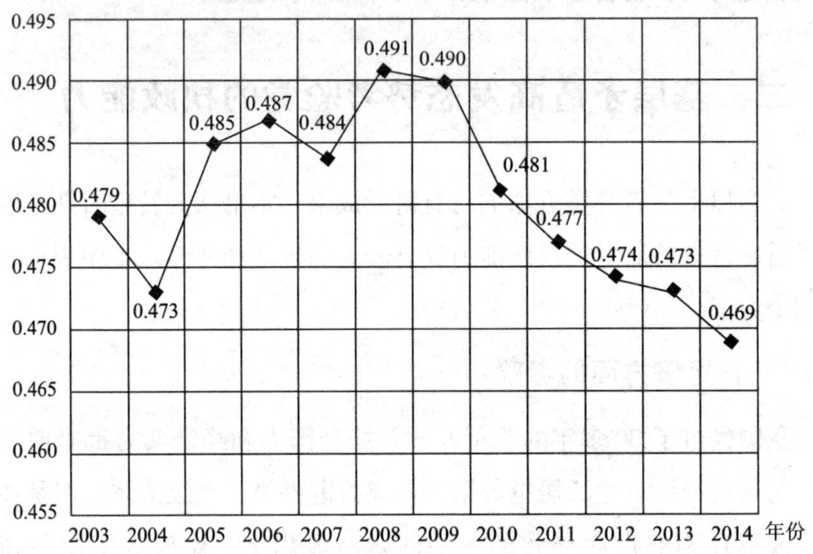

图 2-1　中国 2003—2014 年基尼系数变化

尽管如此，我国收入差距仍然较大，故而因贫富差距所引发的一系列社会矛盾值得重视。尤其是市场经济体制还不完善，相关配套措施和政策法律有待健全，利益分配关系尚需理顺等问题一时难以得到根本解决，利益分配失衡及贫富差距的不断扩大，尤其是与社会弱势群体相比，经济实力悬殊、公权力的操作不当等导致不同程度地占有公共权力或公共资源，影响社会公平公正，等等。

2. 就业问题

目前，我国每年城镇新增就业人数已经处在较高的水平，而未来随着经济增长速度的进一步放缓，要想再提高城镇新增就业人数的规模已经非常困难。并且未来随着我国适龄劳动人口比例的逐渐降低，每年需要解决的新增就业人数也将逐渐减少。因此，今后我们需要使城镇新增就业人数稳定在一定的水平上。根据现有数据估计，2015 年我国经济将增长 7%左右，城镇新增就业人数在 1300 万人左右，与 2014 年基本持平。

在总体劳动力市场较为宽松的情况下，重点群体的就业形势依然较为严峻。首先是高校毕业生群体，2015 年的高校毕业生人数在 750 万人左右；其次是产业转型过程中的下岗工人的人数会进一步增加，随着我国淘汰落后产能和新兴产业发展速度的加快，这些下岗工人的再就业问题将会变得更加突出；最后是农民工就业人数依然庞大，截至 2014 年 9 月末，农村外出务工劳动力为 17561 万人，同比增加 169 万人，增长 1.0%，2015 年将继续有所增长。根据国家统计局的数据，2014 年年末城镇登记失业率为 4.09%。2010—2014 年中国城镇新增就业人数如图 2－2 所示。

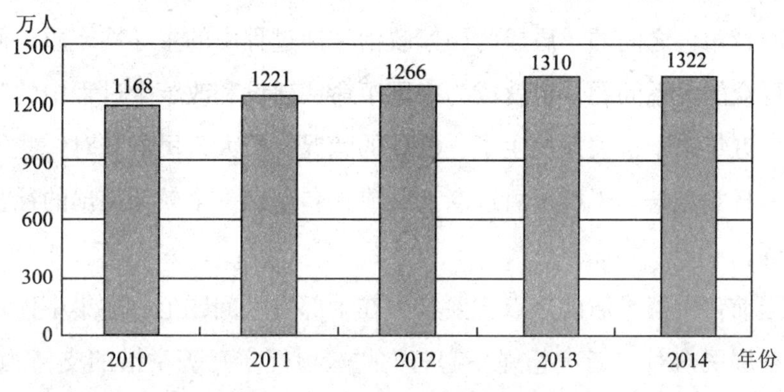

图 2－2　2010—2014 年中国城镇新增就业人数

因此，当前中国在就业问题上的矛盾主要是劳动者充分就业的需求与劳动力总量过大、素质不相适应之间的矛盾。主要表现在：劳动力供求总量矛盾和就业结构性矛盾同时存在、城镇就业压力加大、农村富余劳动力向非农领域转移速度加快，同时出现新成长的劳动力就业和失业

人员再就业问题相互交织。转型期失业与就业的矛盾如此突出，主要源于以下两个方面：一是适龄劳动人口数量快速增长；二是城镇、农村就业问题并存，这使得就业矛盾更为突出。

（二）政治方面的考验

政治方面的考验主要是由于民众民主法治意识提高程度与管理者能力提升的失衡引起的矛盾。围绕公权力的使用、权利与义务的关系、民众民主法治意识的提升和公共服务能力欠缺的问题等，主要体现在干群矛盾和民主法治回应性不足的问题。

1. 干群矛盾

干部与群众的关系问题，贯穿于中国革命、建设和改革的全过程。在中国，中国共产党作为执政党，党的各级领导干部在国家经济、政治、文化社会生活中处于领导地位，广大人民群众是被领导者；但广大人民群众同时也是国家的主人，党的各级领导干部是广大人民群众的公仆，两者角色之间的矛盾成为国家政治生活过程中的主导性矛盾。而干部与群众的关系问题，也就成为中国革命、建设和改革全过程中的基本问题。近年来干群关系发生了一些新的状况，广大人民群众对一些干部的不满日益见长，干群矛盾逐渐上升成为转型期一个较为突出的社会矛盾问题。

当前，干群矛盾的焦点主要集中在干部腐败问题上。这集中体现在当前基层民众对“老虎苍蝇一起打”“八项规定”等举措的支持力度。腐败是个普遍的问题，各个国家在其现代化的过程中都有腐败，只是严重程度不同。腐败有其自身的生存环境，环境不同，其特点规律也有差别。一般来说，在重大的社会变革时期，腐败现象往往更加容易滋生。近年来，我国社会腐败行为迅速蔓延，成为群众指责最多、担忧愤慨最大的社会问题，这与我国当前处在转型时期有一定的关系。腐败容易造成人们价值观念的扭曲，使社会风气受到污染，不正之风横行，更严重的是它蕴藏着将非对抗性矛盾转化为对抗性矛盾的巨大风险。

2. 民主法治回应性不足

随着改革开放以来民主法治化进程的不断推进，民众民主法治意识逐步增强，公民意识的觉醒和成长，民众对政府及其管理者正从传统的非理性的信赖、服从，转向理性的信赖、服从，甚至是有限的疑惑与怀疑。也就是说，由于社会主体的民主法治意识的渐次强化，市民社会迅速崛起，一种新型的民众与政府及其管理者间的关系正在形成。然而，与此不相匹配的是基层管理者能力的缺失。一方面，一些基层干部政治敏锐性和科学决策能力不强，依法行政水平不高，工作方式方法不当，对法律和政策不熟，甚至在治理过程中出现违法违规现象；另一方面，一些基层干部官德缺失，存在官僚主义和形式主义倾向，漠视群众正当的利益要求，导致有些原处于隐性状态的矛盾凸显；有些本可妥善解决的矛盾却未能及时有效解决；有些矛盾虽暂已解决，但却付出了高额的成本，甚至留下一些一时难以补救的“后遗症”。

（三）文化方面的考验

主要表现在当前民众的文化心理及不同的宗教信仰、民俗习惯等带来的行为差异在社会生活中的冲突。

1. 核心价值观与多元价值观的矛盾

价值观是观念形态的价值存在，是一定历史时期人们对于价值问题所持的立场、观点、态度的总和。表现在人们的信念、信仰、理想追求等方面，它作为社会意识的一部分，受到社会存在的制约，是处于一定经济关系中的人们的需要和利益的反应。转型时期，人们受各种思想观念影响的渠道增多，程度加深，人们思想活动的差异性日益增强，社会价值观呈现出多元化态势，造成我国当前思想文化领域多元价值观并存和相互冲突局面。

转型之前，我国实行的是计划经济体制，导致人们价值观的单一化。随着我国由计划经济体制向市场经济体制的转轨，人们的价值追求也开始由单一化向多元化转变。这就形成了在社会主义市场经济条件下，同时存在着两种类型的价值观，其一是以马克思主义指导思想为灵魂、以中国特色社会主义共同理想为主题、以民族精神和时代精神为精髓、以社会主义荣辱观为基础的社会主义核心价值观，这是中国特色社会主义基本制度的根本要求，符合全国人民的整体利益，反映了我国人民价值生活的一致性；其二是核心价值观以外的多元价值观，在我国现实社会中，人们在价值取向上往往是多元的。这两种价值观具有一致性，它们的一致性的根源存在于现实的所有制结构、分配结构、管理模式和发展道路之中。同时，两种价值观又存在着矛盾和冲突。

2. 传统价值观与现代价值观的矛盾

当下的中国，一方面，转型期的社会政治文化，一只脚已迈进了现代化的大门，另一只脚仍陷于传统之中，几千年重人治、轻法治的传统观念仍然影响着民众的文化心理，导致其维权意识淡薄，在自身利益受到侵犯时，要么放弃表达的权利，成为社会大多数沉默者中的一员，要么期待通过“清官”断案或选择越级上访、围攻政府机关等法律框架之外的方式予以表达。

另一方面，在社会转型过程中，由于社会地位、劳动关系、就业方式和收入形式发生了前所未有的变化，社会心态中的不适应感、不公平感、困惑感、矛盾感、浮躁焦虑、急功近利等非理性因素比较突出，情绪化现象相当普遍，日积月累，社会矛盾冲突便不可避免。

此外，因我国是一个多民族国家，民族构成复杂，历史遗留问题与现实新生问题共存。在这一利益格局重大调整的社会转型期，社会群体心态的不稳定与宗教信仰、民族习俗等问题相互交织，这就使得不同的宗教信仰、民族习俗的群体之间存在行为差异，不可避免地导致各种矛盾和冲突的产生，而且这种矛盾和冲突往往表现得比较激烈。

（四）社会方面的考验

主要表现在宗族势力、家族势力等各种潜在的非正式组织势力与社会管理之间的冲突。

就某种意义而言，非正式组织与政府之间的关系可以是合作、互补、互相制约和监督的关系，其植根于民间，在与基层社会的某些特定群体保持联系方面有时可起到政府无法替代的作用。可以说，基层民众较为普遍地生活于由宗族势力、家族势力等各种潜在的非正式组织所包围的氛围之中，此乃中国社会长期发展过程中逐渐积淀下来的特别是在农村尤为普遍的社会现象，它以非正式的形式影响着民众应遵循的规范和价值观念。宗族势力、家族势力等各种潜在的非正式组织，体现着乡土社会的特质，具有一种朴素的集体主义理念和凝聚人心的作用，故而利益整合程度通常较高，能对政治系统形成一定压力，在基层社会治理中的作用不可忽视。

然而，由于目前基层各种利益关系错综复杂，宗族势力、家族势力等各种潜在的非正式组织势力与社会管理之间的冲突不可避免，极易引发各种社会矛盾。在现阶段，宗族之间的矛盾冲突构成了农村民事纠纷和各种暴力事件的一个重要原因，成为不可忽视的社会问题。宗族的冲突是一种对价值、资源、权力和地位的争夺，是以破坏甚至伤害对方为目的的，它维护的不仅是经济利益，而且还有宗族的尊严。因此，当个别家族成员受到侵犯而产生敌视和仇恨心理时，很容易在整个家族中传递和散播。这样，个别成员的冲突很容易转换成宗族的冲突，进而引起社会的不稳定。

另外，在农村的家庭矛盾纠纷或邻里之间的矛盾纠纷处理过程中，当事人甚至一些基层干部常倾向于寻求宗族或家族中德高望重的长者进行调解，而很少付诸法律途径；族人违法犯罪，全族包庇袒护，或寻求自行解决；基层选举中，有些宗族势力、家族势力甚至制造事端，影响选举结果；基层干部在社会治理中有时也不得不受到宗族势力、家族势力等因素的左右，影响事务处理的公平公正性。当某些人在个人私利、局部利益和眼前利益与他人利益、集体利益、长远利益及国家利益发生冲突时，就会拼命维护各自宗族、家族的利益，出现大姓欺负小姓、大家族欺负小家族甚至依仗家族的势力，漠视法律的威严，公然阻挠、对抗政府执法的情形，此类不良现象对基层社会和谐稳定提出了令人担忧的挑战。

三、加强和创新社会治理，增强基层政权的执政能力

党的执政能力是党执掌国家政权，运用政治、经济、文化等手段，整合社会、实现人民意志、解决矛盾冲突的能力。执政能力关系到党自身的目标宗旨，同时也关系着整个国家社会的繁荣进步。因此，执政能力建设具有重大的现实意义与战略价值。在总结经验的基础上全面探索才能进一步实现党的执政能力的不断提升。进一步加强和创新社会治理，从而从根本上增强基层政权的执政能力。

（一）转变治理方式，增强执政能力

党的十八大以来，以习近平同志为总书记的中央领导集体，对如何进一步改善党的执政方式问题进行了深入的思考和探索，提出“要坚持立党为公、执政为民，加强和改善党的领导，坚持党总揽全局、协调各方的领导核心作用，保持党的先进性和纯洁性，增强党的创造力、凝聚力、战斗力，提高党科学执政、民主执政、依法执政水平”。科学执政、民主执政、依法执政，是我们党改善执政方式的重要目标。执政方式的转变是一个复杂的过程，是理念与实践的结合。科学执政、民主执政、

依法执政三者相互联系，是加强和创新社会治理，提升基层政权的执政能力的原动力。

1. 增强法制观念，坚持依法执政

依法执政，就是“法治是治国理政的基本方式。要推进科学立法、严格执法、公正司法、全民守法，坚持法律面前人人平等，保证有法必依、执法必严、违法必究”。依法执政是党执政的内在要求，是依法治国理念在党的执政领域的体现。依法执政要完善中国特色社会主义法律体系，深化司法体制改革，建设公正高效权威的社会主义司法制度，各级领导班子和领导干部要带头维护宪法和法律的权威。

“法律是治国之重器，良法是善治之前提。建设中国特色社会主义法治体系，必须坚持立法先行，发挥立法的引领和推动作用”。时代的发展亟须党在依法执政方面作出转变。改革开放与社会主义市场经济的深入发展使得社会越来越多元化，各种利益的交织给党的执政增添了难度。社会利益的合理分配呼唤依法执政，只有依据宪法与法律才能廓清当前及今后很长时间内存在的复杂的社会格局。依法执政关系到民众利益的保护，有助于从源头上清除政府与市场不分的弊病。依法执政是当前党的执政能力建设的必由之路，是党的执政能力建设不可跨越的内容。依法执政意味着党在执政过程中坚持以宪法与法律为依据，坚持法律的主导地位。依法执政要求党员干部学习和加强法律知识，增强法制观念，尊重法治。依法执政有助于降低执政风险，化解社会矛盾，使社会矛盾在法律下得到有效规约与化解。

2. 推进党内民主，促进民主执政

党内民主是实现民主执政方式的有效手段。党内民主的完善对于领导班子建设具有重要意义，完善选举制度可以从选举人的构成和选举形式两方面进行。当前领导干部的决定权仍掌握在常委会手中，除此之外常委会还掌握监督、执行等权力。常委会在当前的领导班子建设中掌握极大的权力，这样的情况不利于领导班子自主责任的形成。领导班子的选举人可以扩大到更大的范围，全委会在决定领导班子方面可以发挥更大的作用。在选举形式方面，应进一步扩大差额选举的范围。差额选举可以为选举人提供更多的选择，使候选人之间形成更多的竞争。另外，差额选举可以使选举人与被选举人之间建立更多的交流，使被选举人具备责任意识。选举中的差额制可以使选举人更好地权衡领导干部的胜任情况，也能够对领导班子的选定更为负责。

党内民主有助于实现党的凝聚力，使党在应对复杂执政局面中具有充分应对的能力，党内民主是健全和完善党的自身能力建设的有效途径。党内民主的探索与实践对执政民主的实现有着积极的示范与启示效应。执政民主的实现不是空洞理论的堆积，而是民主经验的累积，当前只有从党内民主做起才能逐步积累实现民主的各种经验。执政民主以人民利益为旨归，是党的执政能力建设不容忽视的重要内容，是党在执政中必须实现的内容。

民主执政，就是坚持为人民执政、靠人民执政，支持和保证人民当家做主。健全民主制度，丰富民主形式，拓宽民主渠道，保障人民的各项民主权利，积极推进党内民主建设，落实党内民主的各项重大举措，以扩大党内民主带动人民民主。

3. 提升基层民主，促进社会治理

“毋庸置疑，选举是民主的核心价值。通过提升村委会选举质量来推动基层民主的发展，进而提高基层治理绩效是中国农村村民自治发展的逻辑路径”。因此，首要的任务是坚持《中华人民共和国村民委员会组织法》的法律权威，真正实现普遍推行村委会直接选举，全面推动村民自治和基层民主，才能以基层民主促进社会治理，基层群众的参与性才会得到提升。

而村委会选举质量不高主要表现在程序不规范，选举程序不规范有三个影响要素：一是与政府的工作力度有关，政府的工作力度与政府的主观意愿有关，而政府的主观意愿与政府面临的客观压力有关；二是村委会是否执行严格的选举程序与选举的竞争强度有关，选举的竞争强度与村庄的复杂程度有关，村庄的复杂程度与村庄利益的分化大小有关；三是严格执行和不断完善村委会选举程序规范的主要动力源于村委会选举竞争性的加强。

以上三个要素严重影响了基层民主的质量。所以要加快基层治理现代化的实现需依赖基层民主化，而基层民主化是内在力量的博弈过程，并非设计过程。民主化有利于群众参与，有助于治理现代化。因此，治理现代化首先应该是治理的民主化。在基层治理中，治理主体可以多元：政府、非政府组织（如企业），同时要加强组织建设。政府要以为民服务为宗旨，建设乡镇服务型政府，政府可以与群众形成面对面的服务；企业的参与，可以提供资金服务，促进农村发展；坚持党的领导、人民当家做主和依法治国，加强农村政治建设，重视协商民主。从而以提升基层民主的方式来提升基层社会的治理能力。

（二）积极发挥基层党组织在社会治理中的重要作用

基层党建关系到党的执政基础是否牢固，是加强党的执政能力所不可或缺的内容。基层党建是党的执政能力建设的基础内容，是发挥党员干部作用的最为直接的平台。党员是党的肌体的细胞和党的行为主体，党的先进性最终要靠党员的先进性来体现，党的执政能力建设，也要落实在广大党员队伍这个最基本的执政基础的建设上。基层党建要面向基层，面向群众，完善体系，为党的执政能力建设打下牢固基础。

1. 找准定位，加强基层党组织建设

新形势下，基层党组织的群众工作任务更为繁重，这对基层党组织建设的目标定位提出了新的要求。党的十八大作出创新基层党建工作，加强基层服务型党组织建设的重大部署；中共十八届三中全会强调充分

发挥基层党组织的战斗堡垒作用，为全面深化改革做出积极贡献。“基础不牢，地动山摇”。

加强基层党组织建设，首先应明确自身定位，努力建设学习型、服务型、创新型的马克思主义“三型”执政党。具体应做到：在农村基层党组织中，进一步强化农村基层党组织在建设社会主义新农村中的领导核心作用。加快村级集体经济薄弱村转化工作，推进城乡一体新社区建设，整体提升农村基层组织建设水平。完善组织选举制度，在“两委”选举中更民主、更公开、更透明。优化组织结构，使农村党组织深入到社会治理的方方面面。

在社区党组织中，着力在服务群众、凝聚人心、优化管理、维护稳定方面下功夫，积极开展党员示范楼宇、党员志愿服务等活动，不断增强社区党组织的凝聚力，努力建设文明和谐社区。

在机关党组织中，着力在提升服务效能上下功夫，努力把机关部门建设成为理想信念坚定、政策水平高、行政能力强、工作作风实、公仆形象好的为民、务实、清廉机关。

2. 构建以法律为准绳、以道德为辅助的基层社会治理方式

中共十八届三中全会提出，创新社会治理体制要强化依法治理与道德约束，构建以法律、道德规范调节为手段的社会治理方式。

一是要坚持依法治理，树立宪法与法律的权威。法治是现代社会秩序的基本保障，也是现代社会治理的基本准则和手段。随着法治化进程的推进，构建完备的法律体系，完善法律监督机制，是我们基层党组织工作的重点。要通过各种形式的宣传、教育培养基层群众运用法治思维和法治方式处理问题、化解矛盾的意识与习惯，要不断树立宪法与法律在社会治理活动中的权威性，要让法律成为社会治理活动的准绳。

二是要坚持综合治理，强化道德规范的约束力。要重视基层的社会道德体系的建设，通过各种形式弘扬社会公德、职业道德和家庭美德，努力营造诚信、友爱的社会环境，要积极传播社会正能量，实现道德规范对基层群众行为的软约束。

3. 充分发挥基层的阵地作用，抓住民生，贯彻党的惠民政策

应当从坚持党的领导、巩固党的执政地位和基层政权的战略高度出发，不断提升村党支部的凝聚能力和农民群众的参政意识，充分发挥基层组织活动阵地在宣传贯彻党的路线、方针、政策，传播先进文化，提高干部群众的致富本领，促进农村社会和谐稳定等方面的重要作用。

一是要以支部带，发挥组织阵地作用。要通过远教设施，将传播快捷、直观生动的电化教育引入党组织活动，确保各村党支部的“三会一课”正常有效地开展，从而大大提高党组织活动的质量和效果，增强党员的荣誉感和归属感，促进农村党员队伍建设。要把它作为党支部议事决策场所，推进基层民主政治建设。要在活动室设立公开墙，定期公开村务、财务；定期召开党员大会、村民代表大会等，组织群众说事、议事和评事，讨论决定集体重大事项，广泛吸纳民意，使之更加切合村情。

二是要以活动带，发挥文化阵地作用。要经常开展群众喜闻乐见的文体活动，营造文化生活乐园，推进农村精神文明建设。要在村活动室建立阅览室、文体活动室和卫生室，为村民提供文化娱乐、生殖健康、医疗保健等服务，引导他们崇尚文明健康生活，加快构建农村和谐社会的步伐。要发挥先进文化传播站功能，利用电教设备，定期或不定期组织村民观看先进人物的先进事迹等电教片，弘扬正气，树立新风，为创建和谐稳定的社会环境创造良好的基础条件。还要积极引导农村群众开展“文明户”“文明村”创建活动。

（三）不断提高政府公共产品和公共服务供给能力，着力构建基层矛盾源头减控机制

古语有云：扬汤止沸，不如釜底抽薪。化解基层社会矛盾，首先要从强化政府及其机构公共产品和公共服务的供给责任和提升能力上下功

夫，让人民生活得更加幸福、更有尊严，让社会更加公正、更加和谐，进而从根本上提高民众的社会认同感和归属感，尽可能减少和控制矛盾冲突发生，变矛盾产生之后的善后和救济性措施为政府超前和主动性的行为。

针对目前基层社会矛盾的产生主要是源于利益诉求，而社会财富分配的政策法律体系却不健全、制度保障有待进一步加强的现实，须以制度层面上的创新为切入点，更加强调社会公平公正，从而为提升政府公共服务水平提供全方位的支持。基层政府应积极承担起营造民众参与的民主法治氛围，促进自身与民众在公共管理过程中的沟通交流、鼓励民众参与公共服务的管理，完善制度保障体系之责，切实维护好他们的合法权益。

顺应民众对经济、社会和文化权利的要求，加快民生立法，制定公共产品和公共服务等民生投入与GDP增长和财政收入增长挂钩的机制，合理确定投入比例，确保逐年增长。要建立和完善公共投资利益的公平分享机制，解决区域、行业、公共投资领域的不平衡问题，尤其是落后地区和农村的公共投资利益问题，让民众均能合理、及时分享到公共投资利益，从而从矛盾产生的源头控制住社会矛盾的激发，在制度上保证大多数民众都能共享到改革发展的成果，保证利益的权威性分配更加公平、公正、公开，从而有效地发挥公共政策调节社会矛盾的功能。

（四）充分发挥基层调解组织的屏障作用，努力消除社会治理的“盲点”

努力构建“党委领导、政府负责、社会协同、公众参与、法治保障”的社会治理格局。充分发挥城市社区在维护社会稳定、促进社会和谐、调整各种社会关系方面的作用。按照属地管理原则，由社区将没有单位的“社会人”都管起来。全面推进平安和谐社区建设，加强对城中村、城乡结合部、出租屋等重点区位的管理。积极发挥工会、共青团、妇联等人民团体联系群众的桥梁和纽带作用。加强对新兴行业、新兴组织的管理。各级司法调解中心和基层调解委员会作为预防和化解矛盾纠纷的主要力量和第一道防线，要发挥其职能作用，切实做好社会矛盾纠纷的排查调处工作。农村调委会要立足广大农村，坚持原则，依法调处，最大限度地做好各类简单的矛盾纠纷化解工作，坚决防止矛盾激化和引发治安刑事案件。各司法调解中心要充分发挥化解复杂疑难矛盾纠纷主渠道作用，依法调处公民与企事业单位、村（居）行政组织的纠纷，做好疏导化解工作，坚决杜绝群体上访和越级上访事件的发生，努力维护基层社会稳定。加强社会矛盾的排查调处工作，坚决把问题解决在萌芽状态。加强基层排查调处力量，初步形成县（市、区）、乡镇（街道）有机构、村（居）有专人负责的社会矛盾纠纷排查调处网络。街道社区普遍成立了矛盾纠纷调处领导小组，定期排查突出问题。加强基层调解组织建设，充分发挥基层人民调解员的作用，努力构筑“大调解”格局。

（五）解决基层社会矛盾，提升社会治理的其他有益思考

2015年2月1日，《关于加大改革创新力度加快农业现代化建设的若干意见》对在新的历史条件下的乡村改革作出了部署：中国农业和农村的发展，必须以创新和完善乡村治理机制为基础。为此，需要探索符合各地实际的村民自治有效实现形式，扩大以村民小组为基本单元的村民自治试点，继续搞好以社区为基本单元的村民自治试点；需要进一步规范村“两委”职责和村务决策管理程序，完善村务监督委员会的制度设计，健全村民对村务实行有效监督的机制，加强对村干部行使权力的监督制约，确保监督务实管用，要确立群众评价干部的主体地位，坚持绩由民所考，保证权为民所用。同时，需要激发农村社会组织活力，重点培育和优先发展农村专业协会类、公益慈善类、社区服务类等社会组织。

具体而言，这里还有几个提升社会治理水平的问题可供思考：

一是探索基层治理的有效治理单元。基层治理的有效单元仍然是农村社区或村小组，因为农村社区或村小组是熟人社会，其治理边界适中，村民之间知根知底，农村社区或村小组更有助于提高民主决策、民主选举、民主监督和民主管理的实效，从而有利于村民自治权的落实。但需要去探索农村社区或村小组在基层治理中的有效实现形式。

二是探索村级组织的有效运行机制。基层治理仍离不开村级组织，如何处理好村级两委关系，仍然是农村基层治理不可回避的理论与现实问题。探索富有成效的村级组织运行机制，对提高基层治理水平至关重要。因此，村级组织的运行机制的理论与实践研究，是当前中国基层治理研究的重要领域。

三是社会组织的培育和主导作用。如何发挥社会组织在基层治理中的积极作用，是提升基层治理质量的关键。当前，我国社会组织在基层治理中的作用非常有限，迫切需要社会组织参与基层治理，并成为基层治理的主体，但面临诸多困难。因此，社会组织在基层治理中的理论与实践问题，也将成为研究的重要领域。

四是村委会选举的质量。如何来提升村委会选举的质量，探讨村委会选举的影响变量，研究其有效实现形式，也仍然是研究的重要问题。

第三章　新中国成立以来我国社会治理体制的历史变迁

新中国成立以来我国社会治理体制经历着时代的变迁，梳理总结我国社会治理体制的历史变迁和演进规律，明晰现阶段社会治理体制改革取向和创新路径，是全面推进国家治理体系和治理能力现代化建设的基本要求和基础性环节。

一、单位体制及其社会治理功能

单位是中国所特有的一种社会组织单元。改革开放以前，在中国社会，尤其在城市社会中，几乎每一个人的生存和活动的方方面面，都和所谓的“单位”有着紧密的联系。尽管改革开放以后，中国社会的情况发生了极大的变化，但是对于相当多的生活在城镇中的人来说，单位的影响仍然在他们的生活中存在。

（一）我国单位制度的形成

从计划经济时代开始单位组织就成为中国城市社会结构的基本单元，而单位制则成为中国城市管理的基本模式，以“单位体制”为特征的社会制度结构，是中国独特的制度结构特征，构成了当代中国特色社会主义与其他社会，包括其他社会主义社会的重要区别。因此对单位及单位制的研究就成为了解中国城市社会的窗口。从宏观的角度看，这些研究让学者更了解中国传统社会主义社会是如何运行、控制、整合、调控、统治或分化的，以及是什么样的体制或制度，通过什么样的手段和机制，构造了社会的制度结构。

目前，对于中国的“单位”和“单位制度”，众多学者根据自己研究的需要和观察的角度，对它做了不同的界定。本书要讨论的“单位制度”或“单位体制”主要是指以单位组织为基础的一系列社会体制和制度结构。不管是出于行政控制、资源分配、劳动组织，还是其他原因，单位组织在新中国成立后逐步发展成为联系国家和社会成员的纽带。国家和政府对其社会成员，按照国家所倡导的行为规范和价值取向进行整合和控制，只需要通过控制其隶属的单位就可以实现国家计划和目标。另外，单位在贯彻国家整合控制的意志的同时也使得单位成员对单位产生了全面依附。于是单位制度在这样的依附和控制中逐渐形成。单位制度的形成过程实际上也展示了政府管理战略和体制的出现是如何巩固和定义单位制度的。

单位制度和其他制度一样都经历了从初步形成到巩固、强化的过程。新中国成立之后，中国社会发生了深刻的社会制度变化，同时面对着多年战争所导致的经济衰退和恶性通货膨胀，以及由此引起的严重失业问题。随着党和政府在探索中恢复社会经济，开展大规模经济建设，中国特有的单位制度也在新中国成立后到 1957 年的 8 年逐步形成并在接下来的 20 年内得到巩固和强化。路风认为，单位体制形成于社会主义国家对中国社会的重新组织的过程中。当商品经济、市场关系、自由劳动、契约合意、私人资本以及社会结构自治都丧失了合法性后，整个社会的运转就建立在单位体制的结构上。

单位被看成新中国成立后计划经济战略和政策的产物，同时也是计划经济的保障。在单位里，政府的战略和政策遭遇了复杂的社会和文化现实，单位代表政府管理着中国城市，并在我国社会主义建设和发展中发挥了巨大的作用。首先，它确保了国家对社会资源的控制并将它们集中于社会主义经济建设，使得新中国成立后我国经济从战争的打击中迅速恢复过来，并建立了自己的工业体系，不可否认这为后来的经济改革打下了坚实的基础。其次，它解决了新中国成立后严重的城市失业问题，安置了一大批旧社会国民党政府的官员，维护了社会的稳定，为计划体制下的经济建设创造了良好的社会环境。最后，单位向单位成员提供各种福利保障、生活物资，并通过工会等单位内部组织进行宣传教育，加强了单位成员对单位的依附，同时更重要的是在新中国成立初期恶劣的经济条件下，极大地调动了单位成员的劳动积极性，树立劳动的荣誉感，使得广大人民空前团结，建设国家，保卫国家，确保了经济的飞速发展。

在肯定这些功绩的同时，也要看到单位制度同样存在着政治、经济、社会等诸多方面的弊端。在传统社会主义计划经济体制下曾经发挥巨大作用的单位制度，在改革开放后的市场经济中逐渐暴露出阻碍经济发展的弊端。随着改革的深入，社会内部深层次的矛盾得以凸显，单位制度就成了影响社会良性运行的体制性或组织性的障碍。《中国单位制度》的作者杨晓民认为，在改革触及深层矛盾时，单位制度就成了改革的一个“瓶颈”。他认为不全面改革单位制度，可能会导致政府的一系列改革措施在现实中失效。政府也已经强烈地关注到了这一层面并正逐一加以解决。近几年来，医疗、养老、就业、住房、户籍制度、金融体制等改革，使许多单位分崩离析，另外，“下岗”“下海”等浪潮也使成千上万的人从单位体制中走了出来，变成了“社会人”。所有这些，已经从根本上动摇了单位制存在的根基。

改革开放30多年来，尽管传统的单位制度已经在逐步瓦解，但是单位制度对中国城市、居民和社会的影响仍然会在很大范围内长期存在。虽然改革势在必行，但是改革并不是一天可以完成的，也不可“一刀切”，必须要考虑改革带来的种种负面影响和转型期新的社会问题，要考虑采用什么样的方式，才能让在单位制度模式下运转了30年左右的中国城市社会，以一种平缓的方式向新的制度过渡，传统单位制度中的一些做法在从计划经济向市场经济转型的过程中是否仍然有其借鉴价值，这些都值得思考和研究。

（二）我国单位制度的社会治理功能

单位是中国社会主义制度结构的一个基本特征，国家通过单位进行社会资源分配、社会控制和社会整合，单位又赋予社会成员社会行为的权利、身份和合法性，满足他们的需求，代表他们的利益，同时控制他们的行为。因此，单位已经不仅仅是特殊的社会组织，更是国家进行统治的形式和工具，除了组织功能和政治功能之外，单位制还在新中国成立后的经济恢复和建设中发挥了重要的社会功能。关于单位制的社会功能，在过去许多研究中都有所提及，在中国向市场经济体制转型的过程中，这些功能不应该被遗忘。

1. 社会控制和资源分配

社会控制是国家政权为了在社会中建立和维持一定的秩序而对社会进行的支配、调节、节制和协调过程，是国家实现其意志的基本方式。中国建构单位制，通过单位制实现新的社会整合的原始目的有两个：第一，巩固新政权的社会基础之需要；第二，在社会资源总量贫弱的前提下，通过国家力量推进社会现代化进程。从国家对社会控制的角度来看，在国家和单位的关系上，国家全面占有和控制各种社会资源、利益和机会，形成对单位的绝对领导和支配关系；在单位和单位成员的关系上，单位全面占有和控制单位成员发展的机会和他们在社会、政治、经济以及文化生活中所必需的资源、利益和机会，因而形成对社会成员的支配关系。

由于有了这种支配关系，单位就成为国家和个人的联络点，实现了国家和个人之间控制与依赖的关系。正如李路路和李汉林所分析的，单位组织通过将政权的性质和经济的性质结合在一起，将经济控制权力和国家行政权力结合在一起，从而像国家对单位组织的统治那样，实现对个人的统治。

从国家对资源调配的角度来看，单位制是新社会资源总量不足和新调控形式交互作用的产物，为社会管理机构对各种社会力量的调节和控制提供了新的制度架构。由于在新中国成立后，物质资源匮乏，为保证经济建设，尤其保证以重工业为主的计划经济建设，国家通过这一架构，满足了对资源的强制性提取和再分配。

2. 提供福利保障

计划经济体制下的社会福利，是一种建立在单位体制上的低工资高福利，而向单位成员提供全方位的福利也是单位重要的社会功能之一。从狭义上看，单位提供的福利是落实到个人身上的福利保障，但是从广义上说，单位福利还包括政府通过单位向人民提供的教育、文化、医疗设施，对公共事业的投资以及对困难群体的救助等。

在传统单位制度下，单位职工能享受的福利（以货币形式兑现的福利），大致有如下几项：探亲路费、卫生费、洗（澡）理（发）费、烧煤补贴、水电费补贴、交通费、生活困难补贴、书报费、独生子女费（计划生育政策后）等。20 世纪 80 年代因物价上涨，还加上了副食补贴和物价补贴。其他福利主要为：住房（单位按级别向职工无偿分配住房，只收取象征性房租，此外，单位还要承担日常维修的责任，对于没有分到住房的职工，则发放房租补贴）；养老（1978 年时，满 20 年工龄退休时可拿工资的 75%）；医疗（全部公费）；女工生育（带薪产假 90 天，流产 15 天假期）；等等。这些福利由国家统一制定，由职工所属的单位和国家共同筹资支付。

对于机关和事业单位，福利来自国家财政拨款；对于企业单位，则根据产值获取相应的福利待遇，由营业外支出来支付。国家通过单位向职工提供各种福利，最初是因为新中国成立初期物质资源匮乏，各单位一方面要解决城市就业，吸引劳动力参与到经济建设中；另一方面又无法通过工资来回报，所以采用低工资高福利的制度，统一分配资源，确保单位职工的基本生活，同时也确保经济建设的顺利完成。

然而，这种福利制度还同时带来了以下几方面的结果：第一，单位对职工的控制力加强，职工对单位的依赖也性加强；第二，单位福利除了各种补贴之外，广义上还包括工会对职工的动员和教育，通过培养他们的政治热情和激发他们的生产积极性，极大地增强了单位职工劳动积极性和单位的凝聚力，为计划经济体制下国家下达的各种任务顺利完成创造了良好的环境；第三，单位的福利基金用来为残障、伤残、退休和因公死亡的家属提供福利保障，为新生育小孩的父母和工人的殡葬提供资金，还为工人提供医疗、伤害、妇产资金，同时每个单位还自己组织建设为这些福利需要服务的各种基础设施，这些建设加速了城市单位发展成一个自给自足的社区的进程。

3. 解决城市就业

新中国成立后，中国社会发生了深刻的社会制度变化。当时新中国政府面对的主要问题之一就是多年战争导致的经济衰退和恶性通货膨胀，以及由此引起的严重失业问题。1949—1952 年 3 年经济恢复时期，新旧体制交替过程中的摩擦和矛盾更是加剧了当时的失业形势，并产生了两次暂时性的失业高峰。

此外，新中国成立后，毛泽东提出了对那些失业的前国民党人员在新社会中提供一切基本生活保障和位置，这种战略初步形成了国家的“包下来”政策。这种“包下来”的政策一开始只是作为临时政策应对当时的失业问题，后来被沿用到中国的单位组织中去，并逐步形成了统包统配的就业制度。

在这一就业制度下，劳动局在各个城市建立起来，招工企业和失业人员都要服从劳动局的调配，这就加强了劳动力配置的中央控制。为了更进一步地管理和控制城市劳动力，政府又采取了编制制度、户籍制度，编制把单位的预算和中央计划下的人员份额联系起来，使单位很难摆脱国家的中央计划和劳动配给，户籍制度则限制了劳动力在农村和城市之间的流动，这些制度一起把个人和单位紧紧地联系在一起，并且几乎消除了流动的可能性，个人对单位的依赖在这一过程中被加强。1949年到1957年的8年，单位在转移动员劳动力、解决城市劳动就业，以及创造一个庞大的工人阶级方面都扮演着决定性作用。尽管计划体制下的就业制度存有很多弊病，但是在新中国成立初落后的经济状况和有限的社会资源背景下，单位大量吸收了城市劳动力，缓解了早期中国城市的就业压力，到1957年已经有超过90%的城市人口被划入社会主义单位中，至此中国单位制度迅速地在全国大范围内完善和发展起来。

4. 塑造了城市社区的基本结构特征

社区这一概念由德国社会学家腾尼斯提出，他认为社区是由那些具有共同价值取向的同质人口组成，关系密切、守望相助、疾病相扶、富有人情味的社会关系和社会利益共同体。作为城市社区体制依托的社区包含以下基本要素：人口、地域、经济、社区的专业分工和相互依赖关系、共同的文化与制度、居民的凝聚力与归属感、为社区服务的公共设施。

在“单位制”时期的社会环境中，国家对于社会的整合和控制，不是直接通过一个个单独的社会成员，而是通过一个个具体的单位。于是单位成为中国社会的基本组织单位，塑造了城市社会的基本结构特征。在那个时期里，个人对于单位有极强的依赖性和服从性，个人的升迁、调动，子女的入学，医疗和养老保险，全部要靠单位来解决。在这种体制下，住房作为一种福利，也要由单位来统一调度和分配。这样，单位的个人会被组织生活在同一个社区之中，社区的管理也自然由单位来负责。生活在单位的社区中，大家都是单位职工，一起工作，一起娱乐，相互熟悉，关系也十分融洽。

单位体制作为一种社会组织和管理体制，是传统计划经济条件下国家进行社会资源分配和实现社会控制的主要工具。在计划经济时代，单位制度下的城市社区在以下几个方面实现了腾尼斯所提出的社区功能：第一，单位体制下的社区居民有强烈的社区归属感。一方面，单位成员从单位组织获取各种生活资料和物质资源；另一方面，单位组织通过组织单位成员参加各种政治学习和社会活动，增强了个人对单位的依附感，从而使得社区居民对社区产生强烈的归属感。第二，社区居民由同质人口组成，关系密切。单位社区中的居民在同一单位工作和生活，其社会阶层、生活内容的相似让他们关系密切，并且形成利益共同体。第三，社区公共生活空间的建立。在单位体制下，单位不仅向单位成员提供各种物质生活资料，而且还提供各种形式的社会保障和福利，单位有自己的医院、幼儿园、学校，还有自己的公共生活空间和福利基础设施。单位组织的这些特点促成了计划经济下的中国城市社区单位化。

二、户籍制度及其社会治理功能

（一）我国户籍制度的变迁

关于新中国成立后我国的户籍制度变迁情况，多数学者认为，我国的户籍制度变迁可以分为三个阶段：第一阶段是户籍制度形成阶段（1949—1958 年），我国户籍制度的主要功能是社会管理；第二阶段是户籍制度发展阶段（1958—1978 年），我国户籍制度除了具备社会管理功能之外，还具有社会资源和福利分配的功能；第三阶段是户籍制度改革阶段（1978年至今），既是逐步剥离或者减弱户籍制度资源和福利分配功能的户籍改革过程，也是我国户籍制度从严格限制人口流动迁徙到逐步放宽流动和迁徙条件的改革过程。

1. 新中国成立后，我国户籍制度的主要文件

我国户籍制度随着我国从计划经济体制向市场经济体制的变迁而变迁。

1950年8月，《关于特种人口管理暂行办法》特殊人口管理。为了对一些可疑分子和反革命分子进行监视，尚不算真正意义上的户籍管理制度。1951年7月《城市户口管理暂行条例》城市常住人口登记和管理。宗旨是：维护社会治安和保障人民安全。该条例体现了户籍制度治安管理的功能。

1953年4月，《为准备普选进行全国人口调查登记的指示》《全国人口调查登记办法》，两个文件的主要内容是规定对人口进行普查，这是我国第一次人口普查。同时这个时期建立了简单的农村户口登记制度。《关于劝止农民盲目流入城市的指示》通过劝阻和思想教育限制人口流动。户籍制度的人口流动限制功能开始显现。

1954年12月，《共同配合建立户口登记制度的联合通知》规定农村户口登记由内务部主管。城镇、工矿区等户口登记由公安部负责。《继续贯彻劝止农民盲目流入城市的指示》进一步加强限制农村人口流入城市。

1955年6月，《关于建立经常的户口登记制度的指示》在全国范围内建立起统一的户口制度。从1956年起，在管理上，城乡户籍统一由公安部管理。

1958年1月，《中华人民共和国户口登记条例》第十条明确规定，公民只能凭城市劳动部门的录用证明、学校的录取证明或城市户口登记机关的准予迁入证明，并向常住地户口登记机关申请办理迁出手续，才能迁往目的城市。这一规定明确区分了城市户口和农村户口。城乡有别的二元户籍制度首次通过法律的形式确立下来了。

1961 年 6 月，《关于减少城镇人口和压缩城镇粮食销量的九条办法》用行政的手段限制了城市的人口规模。

1962 年，《关于处理户口迁移问题的通知》及随后的《关于加强户口管理工作的意见》都对农村人口迁往城市做了限制。尤其强调对迁往大城市的要严格控制。而对于城市居民迁往农村的规定就比较宽松。

1964 年 8 月，《关于户口迁移政策规定》严格限制农村迁往城市、集镇。严格限制集镇迁往城市。严严实实地堵住了农村人口迁往城镇的大门。

1977 年 11 月，《公安部关于处理户口迁移的规定》，提出“农转非”问题并下达了控制指标，规定每年批准农转非的人数不得超过非农业人口的千分之一点五。二元户籍制度正式形成。

1992 年 8 月，《关于实行当地有效城镇居民户口制度的通知》，开始实行“蓝印户口”。

1992 年 5 月，《关于坚决制止公开出卖非农业户口的错误做法的紧急通知》，明令禁止各地买户口的行为。

1993 年 6 月，《国务院关于户籍制度改革的决定》建议废除农业户口与非农业户口的划分，建立常住户口、暂住户口、寄住户口，以身份证和出生证为证件管理的主体。可惜该方案未能颁布实施。

1997 年 7 月，《关于小城镇户籍制度改革试点方案》，规定试点内符合条件的农村人口可以落户城镇。

2001 年 10 月，《关于推进小城镇户籍管理制度改革的意见》全国小城镇中有固定住所和合法收入的外来人口均可办理小城镇户口。

2002 年 8 月，安徽出台《关于进一步改进户籍管理推进城镇化进程的意见》，对户籍制度进行大规模改革。

2002 年 8 月，河北省石家庄市《关于石家庄市区户籍管理制度改革实施意见》改革在亲属投靠，外来务工、投资，大、中专毕业分配户籍管理上有重大突破。

2002 年 9 月，广东省《关于进一步改革户籍制度的意见》，按实际居住地登记户口、实现城乡户口管理一体化。

2003 年 6 月，《中华人民共和国居民身份证法》对人口实行户籍管理和身份证管理。

2004 年，《南京市户籍准入登记暂行办法》规定建立城乡统一的户口登记制度。

2005 年 12 月，《济南市深化户籍制度改革暂行办法》取消农业户口和非农业户口之分，实行城乡统一的户口登记制度，准入条件要求有固定的住所、合法职业和收入。

2006 年 4 月，《北京市生育服务证管理办法》通过修改，规定新生儿可以随父入户（以往随母入户）。

2008 年 10 月，《中共中央关于推进农村改革发展若干重大问题的决定》，统筹城乡社会管理、推进户改，放宽中小城市落户条件。

2009 年 2 月，《持上海市居住证人员申办本市常住户口试行办法》明细居住证转户办法口。

2. 我国古今户籍制度比较

在我国古代，户籍制度是统治者统计登记全国人口并以此来征调国家赋役的制度工具。一般情况下不允许人口按自己的意愿迁移，封建社会是以农业为经济基础的社会，统治者为了把农民固定在土地上进行农业生产，所以不允许随意迁移。对老百姓而言，户籍制度在我国古代是一项规定国民义务的制度（出役和纳税）。

新中国成立初期，户籍制度是政府登记和统计社会人口、管理社会、维护社会稳定的一种制度安排。但是，随后在国家“实行计划经济”“发展重工业优先”“城市倾向”等经济发展理念下，户籍制度成了国家分配社会资源、分配社会福利、控制城市人口规模、把农民固定在土地上发展农业的一种制度安排。

改革开放以后，随着家庭联产承包责任制的实施，市场经济的发展，政府那种用行政手段来控制社会资源流动的方式已不再适应社会的发展，以户籍为依据的资源分配方式激起的社会矛盾日益突出。我国的户籍制度走上了“一元化”“恢复本来功能”“减弱福利分配功能”的改革之路。

现今，随着城市化发展要求，在人口自由迁徙、劳动力自由流动的需要下，各省“纷纷试水”，对户籍制度进行改革，改革方式各色各样。但由于中国的人口基数大，城乡差距较大，大城市和中小城市的差距也较大，不管是中央还是地方都不敢放开去革新户籍制度，担心社会失控。于是“城市户籍准入限制”、先默许人口自由流动再慢慢为其完善各种保障，是现在大家觉得比较稳妥的办法，国家在居民迁移上一如既往地实行“事前迁移制”。目前，中国的户籍制度改革要走什么样的路子尚未达成共识，但在户籍制度是否要改革上意见是一致的，即“户籍制度必须改革”。

3. 国外户籍制度简析

国外的户籍制度仅仅具有人口管理和登记的功能，多数不是社会资源和社会福利分配的依据。就业、教育、医疗、社会保障等是独立的制度安排，没有和户籍制度捆绑在一起，所以公民不会因为户籍的不同而得到不一样的待遇。并且许多发达国家的户籍管理采用的是电子信息系统管理的办法，可以方便、及时、准确地了解公民的基本信息，不会因为公民的自由迁徙而管理不到位。国外对公民的迁徙自由权一般是不做限制，只要公民有能力在某地安居乐业，都可以成为当地居民，登记为常住人口，享受与当地居民同等的待遇。可以先迁徙后再补办迁徙手续，即“事后迁徙”。总的来说，国外的户籍制度没有激化社会矛盾，是因为它不是利益分配的工具，就业的归就业制度、教育的归教育制度、医疗的归医疗制度……各种制度安排各自独立运行。

笔者认为，国外的户籍管理方式至少对我国的户籍改革有这样两点启示：第一，户籍管理电子信息化，全国联网；第二，使全国公民平等地享受就业权、医疗权、受教育权、社会保障权利等，使户籍制度真正的仅仅是起到人口管理和登记的作用。如此，关于户籍制度改革的纠结定能不攻自破。

（二）我国户籍制度的社会治理功能

首先，新中国成立之初，我国的户籍制度在镇压反革命、维护新生政权方面起到了很大的作用。根据1950年《关于特种人口管理暂行办法》，户管部门发动群众对户口进行清理，以便发现潜伏的特务分子，这有效地镇压了反革命势力，维护了国家安全和社会的稳定。1951年《城市管理户口暂行条例》规定，户口由公安部门统一管理，各户应配合公安人员执行任务。要变动户口时，户主应按规定持户口本到所在地派出所办理相关手续。来客须住三天以上的，要向公安派出所报告。各户要置备户口本，如实填写户口信息，以备管理部门查对；医院除了要备有户口簿，还要备住院病人登记簿，病人出入院都要按时报告之；旅馆、客店均须备住客登记簿，于每晚旅客就寝前，送到当地人民公安机关检阅备查。可见当时，户籍对人口流动的管理极其严格，特务分子难以有藏身之处。

其次，户籍制度对防范、打击各种违法犯罪活动起到了很大作用。1958年《户口暂行条例》规定，户口登记工作由各级公安机关负责，基层的由人民委员会和派出所负责户口登记。由于公安机关是我国管理社会治安的主要行政部门，户籍管理归公安机关管，这方便于执行治安管理任务，公安部门掌握着每个公民基本的户籍信息，这对犯罪分子也是一种威慑。同时该条例规定，被判处假释、缓刑，被管制分子以及其他被依法剥夺政治权利之人，迁移时，要经过一定程序，经相关部门准许，才可办迁出登记；到迁入地后，要立即向户口登记部门申报迁入登记。这使得相关部门有效地掌握了以上类型犯罪分子的行踪，方便进行相应的管理和监控，维护社会的安定。

对于流动人口的暂住管理，相关部门会给流动的人员发暂住证或者寄住证，对流动人员的暂住时间（包括起始时间、暂住天数、暂住结束时间）在相关部门那都有详细的登记，这有利于公安机关对流动人口的监督、检查。任何个人、单位、组织和团体想要窝藏和包庇犯罪分子都是不可能的。这有利于打击犯罪活动。

随着市场对自由劳动力的大量需求，人口的流动量越来越大，的暂住证或寄住证这种呆板的管理手段既费力又不能满足管理需要，1985年颁布《中华人民共和国居民身份证条例》，以立法的方式建立了我国居民身份证制度。2004年《中华人民共和国身份证法》开始实施，该法规定，每个公民都有一个身份证号，且终身不变，由公安机关照公民身份号码国家标准来进行编制，相关行政部门执法时需要查明嫌疑人身份、实施现场管制时要查明有关人员身份、发生社会治安突发事件要查明现场有关人员身份以及其他法律规定需要查明公民身份的，都可检查相关居民的身份证。身份证放到相应的刷卡机就可以显示公民的相关个人信息，这方便相关部门对流动人口的管理，适应了当前人口流动频繁、人口流动量加大的情形。为加强社会治安管理等提供了有效的办法。

最后，户籍制度还有限制人口迁移和进行人口数据统计的社会管理功能。在户籍限制迁移方面，改革开放前，计划经济体制下，那种先计划再生产、先计划后分配等计划方式，需要我国户籍制度那样的通过户口严格控制个人的各方各面的一种社会制度来配合才能顺利完成计划目标。

由于国家优先发展重工业，要求农业资源服务工业，所以大批农民因户籍制度被固定在土地上发展生产，很难进城营生。即便农民进城，城里也没有农民的口粮，且农民的亲戚家因口粮有限，也不会让其久住，致使人口很难迁移。因为没有物质保障，农民即便有能力创造价值，也无处施展。这就是计划体制下自由迁徙之不能的情况。

改革开放以后，由于市场经济的发展，第三产业需要大量的劳动力，严格限制人口流动的方法已经走不通了，人口渐渐可以自由流动。人口可以自由流动很大的原因是，城市的发展需要增加劳动力，增加的劳动力可以给城市的发展做贡献，也可以给政府纳税。政府也不需要给流动人口和当地市民一样的福利待遇，财政总体上不会因此而增加负担，市民的福利没减少，虽然增加了城市的拥挤度，但还不至于让人无法忍受，是利大于弊，所以政府默认了人口的自由流动。

但是迁徙还是要限制的，因为迁徙进城来的公民多了意味着更多的人来分城市这块大饼。特别是大城市，在不能达到迁徙进来的人给城市带来的利益大于城市付出的情况下，当地政府是不情愿让迁徙自由的；当地的市民在不能确定城市人口的增加不会减少自己的利益的情况下，也不会积极支持迁徙自由的。所以，当下能够相对自由迁徙的都是政府承认的，并且被认为能给城市带来的发展大于他本人消耗的那些人，如人才引进。普通老百姓要想自由迁徙，按目前的情况是不可能的。

所以，从总体上看，现今的迁徙限制，对国家而言是维护现状，不愿付出未知成本和承担社会风险的体现；对地方而言，是以维护地方利益为目的；对个人而言，是既得利益团体的固守。通过户籍来限制迁徙自由的背后是很多领域的对人的不平等对待，如就业、教育、医疗等，所以对既得利益者来说限制迁徙自由，就眼前利益看是好事，但是，不公平的制度总是要废除的，固执地让不公平的因素继续积累下去，整个社会将来会为之付出惨重的代价，被不公平对待的人现在不反抗，不等于他永远不反抗，时机合适的时候势必会爆发的。关于户籍制度的人口统计功能，国家通过对人口的基本信息的统计和了解，掌握人口的流动情况、教育水平、劳动力状况、就业情况等，对统治者的决策、安排生产、发展经济等提供依据。

三、社会转型与社会治理体制重建

2013年中共十八届三中全会发出了全面深化改革的总动员，提出“创新社会治理体制”，这是首次在中央全会文件中提到“社会治理”。从早期主要服务于经济建设，到在全面深化改革背景下的社会治理，我国社会管理制度不同时期内涵明显不同。适应新时期全面深化改革需求，创新社会治理体制，应深刻把握现实国情，加强社会建设，促进多元主体的协同治理。

（一）社会治理制度变迁过程

社会治理在不同的年代有着不同的内涵，我国早期社会管理主要服务于经济建设，全面深化改革背景下的社会治理则蕴含多元主体、协同参与的意义。

1. 20世纪80年代，以经济建设为中心

20世纪80年代，社会管理体制以经济建设为中心，各项工作均为经济建设服务。社会发展完全处于经济发展的从属地位，当时还没有社会发展、社会管理和社会建设等方面的直接表述。这个时期的社会管理处于初步探索阶段，是为了减轻国有企业的非生产性负担以增强国有企业的经营活力。社会管理体制具有较强的单位属性，个人的绝大多数行为均依附于所在单位，生、老、病、死基本上均由单位负责，当时社会管理体制主要以政府的行政干预为主导。

2. 20世纪90年代开始，成为中国特色社会主义经济的重要组成部分

20世纪90年代，社会管理体制被定位为有中国特色社会主义经济的重要组成部分。社会管理体制改革开始逐步从经济体制改革中分离出来，不再被动地、单纯地为国有企业改革服务。这段时期社会管理体制的改革重点更为突出，收入分配、社会保障和教育体制成为重点改革领域。1993年，中共十四届三中全会对收入分配、社会保障和教育体制进行了重点部署。1997年，党的十五大报告将收入分配制度改革、实施科教兴国战略和可持续发展战略、改善人民生活列为有中国特色社会主义经济的基本构成要素。此外，社会管理不再完全局限于政府力量，开始引入市场机制和社会力量，民间力量开始以各种方式参与社会事业的发展。

3. 21世纪初，社会管理体制逐步完善

伴随着改革开放进程的逐步推进，我国GDP增长迅速，经济建设取得了显著成绩，同时，经济与社会发展不协调的现象也日益严重。为了解决经济社会发展“一条腿长、一条腿短”的问题。2002年，党的十六大报告提出了全面建设小康社会的宏伟目标。2003年，中共十六届三中全会将“社会建设和管理”列入“五个统筹”之中，作为落实科学发展观的必要方面和必然要求。2006年，中共十六届六中全会通过了《中共中央关于构建社会主义和谐社会若干重大问题的决定》，要求着力发展社会事业，完善社会管理，推进经济体制、政治体制、文化体制和社会体制的改革与创新，首次将社会建设和社会体制提到一个全新的高度。2007年，党的十七大提出健全“党委领导、政府负责、社会协同、公众参与”的社会管理格局。2012年，党的十八大提出建立“党委领导、政府负责、社会协同、公众参与、法治保障”的社会管理体制。由“格局”上升为“体制”表明社会管理已成为中国特色社会主义理论和制度的重要组成部分。

4. 2013 年以来，提出“社会治理”

2013 年，中共十八届三中全会明确提出“创新社会治理体制”，要求增强社会发展活力，提高社会治理水平，改进社会治理方式，坚持系统治理、依法治理、综合治理和源头治理。“治理”含义明显发生变化，蕴含有多元主体协同治理的意义。这一变化有着深刻的时代背景。以政府为主导的经济增长方式难以为继，经济快速发展带来的一系列社会问题，导致社会矛盾凸显。在此背景下我国提出了社会治理的概念，除了进一步理顺政府和市场的关系以外，更为重要的是重塑政府与社会的关系，扩大民众、社会的参与度。

（二）全面深化改革背景下创新社会治理的主要任务

全面深化改革背景下创新社会治理体制，与以往的社会管理有着不同的内涵，提出来的任务也是不同的。首先，要求对国情和社会现实问题有着更深刻把握，以理解和沟通社会；其次，要求加强社会建设，增强社会发展活力；最后，要求将实现多元化治理主体转变，促进协同治理作为重要的目标。

1. 深刻把握国情，了解社会现实把握影响社会发展的根本性问题是创新社会治理的基础

一方面，随着改革开放的不断深化，我国社会阶层结构、城乡结构、收入分配结构、人口和家庭结构发生了复杂而深刻的变化。社会阶层结构转化成利益分化较大的复杂阶层结构；农村居民不断转变为第二、第三产业的从业人员；收入差距难以缩小；城乡家庭小型化趋势明显。另一方面，经济的粗放快速发展导致社会问题积重难返，一些不太合理的问题也暴露出来。如社会结构明显滞后于经济结构，随着“单位人”已由过去占 95%以上下降到现在的 25%左右，新的社会管理网络不健全，远不适应需求。环境污染日益突出，经济社会运行失序，就业不足，社保体系欠缺，城市化推进中流动人口大量出现及带来的种种问题，等等。

2. 加强社会建设，增强社会发展活力

与原有的以维稳、控制为主要诉求的社会管理体制不同的是，社会治理语境下加强社会建设的目标是增强社会发展活力，实现社会个体、社会组织更加公平、可持续发展。加强社会建设，重在推进“民生事业”发展，加快包括收入分配、就业与社会保障、公共教育、公共卫生、公共文化、公共安全等社会事业改革，逐步建立惠及13亿人的基本公共服务体系。以实现发展成果更多、更公平地惠及全体人民，解决好人民最关心、最直接、最现实的利益问题。

3. 实现多元化社会治理主体转变，促进协同治理

创新社会治理，一方面通过公众参与实现民主决策和科学决策；另一方面通过参与使居民承担起更多的社会事务，减少政府在公共领域和社会领域的投入和负担。在社会体制创新中构建党的领导、政府负责、社会协同、公民参与、法治保障的共同治理格局，实现多元化治理主体转变。

（三）社会治理体制创新路径

围绕社会治理创新几大任务，实现治理主体转变、治理方式转变、治理重心转变，从现实来看，关键在于以下措施。

1. 构建社会参与共治机制

（1）盘活存量的现有社会组织

改变现行事业单位体制，改变社会服务由政府垄断性供给的格局，建构主体多元、机制灵活、覆盖广泛、开放竞争的现代社会服务体制；加快人民团体职能转变；大力加强基层社区组织，特别注意发挥社区在基层组织管理中的作用。

（2）松绑体制外的社会组织

出台政府下放社会组织职能的权力清单。比如除法律法规规定必须取得前置许可外，对公益慈善、社会服务、社会福利、文体活动等社会组织，可直接向登记管理机关申请办理登记；推动部分行业管理与协调职能的下放，将更多的公共服务下放到社会组织，将更多的技术服务与市场监督职能下放到社会组织；建立政府向社会组织购买服务机制，建立社会组织孵化发展平台，为社会组织的发展壮大和参与社会管理让渡空间。

（3）积极推动社区自治

以满足社区公共需求为目标，加大社区公共服务供给，实现基层社会治理由行政工作向社会工作的转变，推进社区认同走向社会认同。建立社区协同治理体系，完善健全居民、村民监督机制。

2. 实现各社会治理主体权责、诉求制度化安排

（1）加快实施政社分开

清晰而明确地界定政府权力范围，减少政府对市场活动和社会过程的不合理干预。同时，加强政府公共服务、市场监管、社会管理、环境保护等职责；推进政社分开，推进法治中国建设，坚持法治国家、法治政府、法治社会一体化建设。

（2）构建公民权利保障体系

建立公民权利实现的程序保障制度，明确公民权利范围、实现权利的程序。尤其在有关公民切实利益的领域，比如城市房屋拆迁、农村土地流转、企业改制、环境污染、工资标准、移民安置等；畅通公民维权渠道，严格执行国家赔偿法等，加强对行政执法的司法监督，健全权利救济机制，畅通公民维权的司法救济渠道。加快改革信访制度和行政复议制度，提升行政救济执法质量；畅通利益表达机制。健全完善决策形成机制，让群众诉求进入党委政府决策。通过推进公开、扩大民主等，充分收集群众的意见和诉求，建立反映民意、集中民智的决策形成机制。

（3）推进社会组织明确权责、依法自治

促进社会组织法人治理结构的建立，使其能够承担相应的社会责任。加快社会组织立法，为建立现代社会组织法人治理提供依据；探索对社会组织的审批与监管互动机制，制定社会组织评估办法和标准，委托专业机构进行独立评估；引导社会力量参与对社会组织的监督责任，尝试引入社会组织的财务审计制度，建立社会组织的社会责任报告制度，逐步建立起一个行政监管、财务审计和社会监督相互协调的监督管理体系。

3. 实现惠及13亿人的基本公共服务体制的重大突破

（1）实现城乡基本公共服务制度的对接

未来可以按照“加快整合、对接制度、提高水平、重点支持”的总体思路，在国家层面应明确全国统一的基本公共服务均等化政策，提高基本公共服务统筹层次，实现城乡基本公共服务制度的对接融合。

（2）以推进事业单位改革为重点，完善基本公共服务体系

全面构建“以钱养事”的事业单位运行新模式。改革财政投入机制，建立对事业单位规范的业绩评估和激励约束机制，促使其降低成本，提高服务质量，保障公益性；建立新型事业单位法人治理结构，推进所有权与管理权分离，拥有所有权的政府把管理权交由事业单位，由事业单位行使管理权，充分保障事业单位的自主权；以事业单位独立承担民事责任为目标，加快建立独立的事业法人财产制度，建立以理事会、管理层和职工大会为主要目标的治理机制。

（3）加快财税改革，构建基本公共服务均等化的财政保障机制

加快调整财政支出结构，降低经济建设支出比重，降低行政管理支出比重，增加基本公共服务支出比重。赋予省级政府一定的自主税权，

鼓励地方政府探索培育地方主体税种，扩大地方政府税收管理权限；在条件允许的情况下，适当放开地方政府的投融资政策，为基本公共服务均等化开辟更多的可持续财源。

（4）构建多层次的社会保障体系

推进城乡最低生活保障制度统筹发展，加快城乡制度整合和待遇衔接。建立符合我国国情的住房保障和供应体系。积极发展补充社会保险和商业保险。加快建立社会养老服务体系，大力发展老年服务产业。健全特殊人群的分类保障制度。

（5）进一步推进基本公共服务体系规范化

提升基本公共服务体系的法治化水平，加快就业、社会保障、公共财政等方面的专项立法，规范政府公共服务供给过程；构建多元主体协同供给机制；打破公共服务领域的政府垄断，适度引进市场化和社会化的运作方式；落实“基本公共服务国家标准”，建立质量控制与绩效评估体系。

第四章　基层社会治理的结构和体系

一、　指导思想

（一）坚持中国特色社会主义理论为指导

中共十八届三中全会强调，全面深化改革，必须高举中国特色社会主义伟大旗帜，以马克思列宁主义、毛泽东思想、邓小平理论、“三个代表”重要思想、科学发展观为指导，坚定信心、凝聚共识，统筹谋划，协同推进，坚持社会主义市场经济改革方向，以促进社会公平正义、增进人民福祉为出发点和落脚点，进一步解放思想，解放和发展社会生产力，解放和增强社会活力，坚决破除各方面的体制机制弊端，努力开拓中国特色社会主义事业更加广阔的前景。

中国特色社会主义伟大旗帜，是当代中国发展进步的旗帜，是全党全国各族人民团结奋斗的旗帜。旗帜问题至关紧要。旗帜是我们党的政治宣言，旗帜是我们党前进的方向目标，旗帜是凝聚全党全民的基点，旗帜是全党行动的号令，旗帜也是我们党在社会上公开树立起来的形象。党举什么旗帜的问题，直接决定着党走什么道路、实现什么目标、靠什么动员和凝聚全党乃至全国人民的智慧和力量，归根结底，旗帜问题关系着党的生死存亡，关系着党的事业的兴衰成败，关系着中华民族的前途命运，关系着中国人民的幸福安康。我们党高举中国特色社会主义伟大旗帜，必将对党的发展、国家的强大、民族的振兴、人民的富裕具有十分重大而深远的意义。因此，中国特色社会主义伟大旗帜，是我们党从事一切事业、开展一切工作的引路航标，加强基层社会治理，也必须在中国特色社会主义伟大旗帜下来进行。

一要继续解放思想。解放思想是发展中国特色社会主义的一大法宝。当前，全党要深入学习贯彻中国特色社会主义理论体系，着力用马克思主义中国化最新成果武装全党，破除在社会管理和创新实践中与中国特色社会主义理论体系不相适应的一切思想，澄清一切违背中国特色社会主义理论体系的观点。

二要坚持改革开放。改革开放是发展中国特色社会主义的强大动力。改革开放是党在新的时代条件下带领全国人民进行的新的伟大革命，目的就是要解放和发展社会生产力，实现国家现代化，让中国人民富裕起来，振兴伟大的中华民族；就是要推动我国社会主义制度自我完善和发展，赋予社会主义新的生机和活力，建设和发展中国特色社会主义；就是要在引领当代中国发展进步中加强和改进党的建设，保持和发展党的先进性，确保党始终走在时代前列。加强基层社会治理，同样需要坚持改革开放，改革一切旧有的与新形势、新任务和人民群众的新要求不相适应的社会治理体制、方式、办法，为基层社会治理增强活力；积极借鉴国外在社会治理方面的先进经验，以他山之石为我所用。这样才能减少基层社会治理在实践探索中的成本和风险，取得更大的成效。

三要推动科学发展，促进社会和谐。科学发展、社会和谐是发展中国特色社会主义的基本要求。全党同志要全面把握科学发展观的科学内涵和精神实质，增强贯彻落实科学发展观的自觉性和坚定性。特别是，科学发展需要科学的社会治理为其提供良好的社会环境，社会和谐也要靠加强社会治理来实现，因此，一定要在社会治理方面，着力转变不适应、不符合科学发展、社会和谐的思想观念，着力解决影响和制约科学发展、社会和谐的突出问题，把全社会的积极性引导到推进科学发展、促进社会和谐上来。

四要为全面建设小康社会而努力奋斗。全面建设小康社会是党和国家到2020年的奋斗目标，是全国各族人民的根本利益所在。我们要在全面建设小康社会已经取得成就的基础上，进一步增强发展协调性，努力实现经济又好又快发展；扩大社会主义民主，更好地保障人民权益和社会公平正义；加强文化建设，明显提高全民族文明素质；加快发展社会事业，全面改善人民生活；建设生态文明，基本形成节约能源资源和保护生态环境的产业结构、增长方式、消费模式。我们坚信：到2020年全面建设小康社会目标实现之时，我们这个历史悠久的文明古国和发展中的社会主义大国，将成为工业化基本实现、综合国力显著增强、国内市场总体规模位居世界前列的国家，成为人民富裕程度普遍提高、生活质量明显改善、生态环境良好的国家，成为人民享有更加充分的民主权利、具有更高文明素质和精神追求的国家，成为各方面制度更加完善、社会更加充满活力而又安定团结的国家，成为对外更加开放、更加具有亲和力、为人类文明作出更大贡献的国家。然而，全面小康社会的建成，需要全社会的凝聚力、战斗力和创造力，需要加强基层社会治理，以更加充分地调动全党全民以及各级各类组织全面建设小康社会的积极性。

（二）贯彻以人为本的科学发展观的理念

科学发展观，是在当前国际环境下，立足社会主义初级阶段基本国情，适应新的发展要求提出来的。从国际环境来看，当今世界正处在大变革大调整之中，国际环境中不稳定不确定的因素增多，我国发展的外部条件复杂多变，既面临着前所未有的机遇，也面临着前所未有的挑战。我们只有科学发展，才能增强我国的综合国力，增强国际竞争力。从我国国情和新的发展要求来看，我国发展形势总体是好的，但也面临着不少突出矛盾和问题，如果不抓紧采取措施有效地解决这些突出的矛盾和问题，势必会影响我国的改革开放和现代化建设事业的顺利推进。

进入新世纪新阶段，我国发展呈现一系列新的阶段性特征，主要是：经济实力显著增强，同时生产力水平总体上还不高，自主创新能力还不强，长期形成的结构性矛盾和粗放型增长方式尚未根本性改变；社会主义市场经济体制初步建立，同时影响发展的体制机制障碍依然存在，改革攻坚面临深层次矛盾和问题；人民生活总体上达到小康水平，同时收入分配差距拉大趋势还未根本扭转，城乡贫困人口和低收入人口还有相当数量，统筹兼顾各方面利益难度加大；协调发展取得显著成绩，同时农业基础薄弱、农村发展滞后的局面尚未改变，缩小城乡、区域发展差距和促进经济社会协调发展任务艰巨；社会主义民主政治不断发展、依法治国基本方略扎实贯彻，同时民主法制建设与扩大人民民主和经济社会发展的要求还不完全适应，政治体制改革需要继续深化；社会主义文化更加繁荣，同时人民精神文化需求日趋旺盛，人们思想活动的独立性、选择性、多变性、差异性明显增强，对发展社会主义先进文化提出了更高要求；社会活力显著增强，同时社会结构、社会组织形式、社会利益格局发生深刻变化，社会建设和管理面临诸多新课题；对外开放日益扩大，同时面临的国际竞争日趋激烈，发达国家在经济科技上占优势的压力长期存在，可以预见和难以预见的风险增多，统筹国内发展和对外开放要求更高。

这些矛盾和问题需要我们认真贯彻科学发展观以人为本的理念，通过不断加强社会治理创新切实加以解决。全心全意为人民服务是党的根本宗旨，党的一切奋斗和工作都是为了造福人民。要始终把实现好、维护好、发展好最广大人民的根本利益作为党和国家一切工作的出发点和落脚点，尊重人民的主体地位，发挥人民的首创精神，保障人民的各项权益，走共同富裕道路，促进人的全面发展，做到发展为了人民、发展依靠人民、发展成果由人民共享。要自觉坚持以科学发展观为指导，通过对科学发展观的深入学习和实践，推进我国经济社会的科学发展。在这个过程中，根据我国当前的实际情况，就是要坚持以经济建设为中心，以政治建设为保证，以文化建设为支撑，以社会建设为重点，以保障和改善民生为目的。同时在社会建设中，要以加强社会治理为切入点和突破口，为推进我国经济社会在科学发展的轨道上加快发展步伐提供良好的社会环境。

二、基本原则

正确理解社会治理的基本原则，把握社会体制治理的基本方向，是加强和创新基层社会治理的基本前提。

作为一种全新的理念，社会治理改革绝不是社会管理方式、方法、内容或手段等的简单改变或创新，更不是某个政府职能部门能够单独完成的，它既牵涉政府方方面面的改革，也牵涉社会培育和发展的进程。因此，与社会治理理念的逻辑和价值追求相适应，基层社会治理的基本原则和实现路径大致如下：

首先，树立政府在社会治理改革中占主导地位的思想，主动承担社会治理职责，强化政府的社会治理职能。

政府在社会治理改革中处于主导地位。但这并不是说政府处于管理的主体地位而公民社会处于被管理的客体地位，因为在政府与公民社会的关系中，政府与公民社会都是社会治理的两方主体，最终处于主体地位的应当是公民，而不是处于主导地位的政府。在社会治理改革中，“政府本位”让位于“社会本位”并不意味着政府无所作为或者政府的完全退出，相反，要真正做到向“社会本位”转变和过渡，政府必须主动承担相应的社会治理职责，并且要强化政府的社会治理职能。

政府在社会治理改革中处于主导地位主要表现在以下两方面：第一，政府在退出那些不该管理的领域的前提下，强化市场经济条件下政府社会治理的新职能，确立政府在推进社会事业发展中的主导地位；第二，在引导公民社会独立自治的过程中，政府应主动自觉地为公民社会的自治提供相应的制度环境，为公民参政和实现权利创造政治、经济及文化条件，积极引导、组织和支持公民参政及公民社会的自治，促进社会的公正和进步。

其次，推进政府体制改革，转变政府职能，建设有限政府和公共服务型政府。

传统社会管理理念表现为政府凌驾于全社会之上，习惯于包揽一切社会事务，习惯于对社会成员进行控制而非服务，习惯于替公民做主而非共同治理。因此，社会治理改革就必然要求加快政府体制改革，厘清政府的职能定位，解决好管什么和怎样管的问题，强化政府制定规则和进行监管的“掌舵”功能，科学设置政府的社会管理机构、划分政府的社会管理部门的权限，避免出现政府在社会管理中走向“总揽一切”或“过度退让”两个极端，避免政府对那些管不好也管不了的社会事务进行直接干预和管理，避免因政府社会管理部门之间管理职权的交叉和重复而造成社会管理效率的低下、成本的提高等。

切实转变政府职能，建立有限政府，进一步剥离政府包揽和直接从事的社会公共事务，同时又要积极培育和发展各类专业性的非政府组织和社会中介组织，以取代政府退出领域的管理。同时，政府必须进行公共服务体制创新，建立以政府为主导、多元化的投资体制与管理体制，以打破政府垄断，激励市场、社会组织和个人作为公共服务的提供主体共同参与到社会服务过程中，形成公共服务多元供给体制；实现基本公共服务均等化，建立人人共享的基本公共服务体系；改善公共服务绩效，从而最大限度地满足人民群众不断增长的公共需求。

再次，政府坚持积极扶持原则，大力培育各类社会组织，提高社会治理中的公民参与。

政府与公民社会共同治理要求政府重视社会力量在社会治理改革中的作用，体现参与、平等、合作和民主的原则。无论在公共事务的管理方面还是在公共服务的提供方面，政府都应该重视社会组织和市场的力量，通过多种方式将部分相关职能转移给社会组织和市场，使得社会组织、市场和公民成为合作共治的多元主体，因此，政府必须坚持积极扶持原则，通过政府采购等多种方式，不仅要发挥它们在社会公共事务的管理和公共服务的提供中的主体作用，而且要发挥它们在相关决策和政策执行中的参与权和监督权，体现社会治理的民主化原则。

我国社会正处于社会加速转型期，社会成员日渐从原来高度整合的单位中分化出来，形成多元的利益群体，多元化的社会需要多元化的组织来进行整合，同时，社会组织也是监督政府、保障社会公平、维护社会稳定的重要力量。但是目前，我国社会组织存在着功能结构不合理、作用范围有限、相关法律法规不完善等亟待解决的问题。社会组织发育不足，使社会整合尤其是弱势群体和边缘群体保护与整合变得困难，长此以往，不仅部分社会成员的边缘化趋势会加剧，而且整个社会也可能陷入无序状态。因此，培育和发展各类社会组织，使各类社会组织成为社会治理改革的合力，形成有效覆盖全社会的社会治理体系；同时，通过培育各类社会组织，提高公民的参与能力和参与意识，保障公民的参与公共事务管理的公民权利，促进公民社会的自我管理和自治。

最后，坚持市场手段与法治手段相结合，坚持公平正义、动态稳定和增量改革的原则。

政府要把经济生活“总指挥”的角色让位给市场机制，通过市场机制的作用实现资源的最优配置，政府职能从以前重生产建设、重经济干预转变到社会发展和社会管理的职能上来，从全面控制经济领域的管理中腾出精力和空间来完成那些因市场失效而需要政府加强的社会管理职能，并且通过制定社会政策和法规，通过法治的手段管理和规范社会组织、社会事务，调节和平衡社会利益，化解社会矛盾和社会冲突，维护社会公平和正义，促进公民的基本权利，达成社会秩序和稳定。同时，社会治理改革的过程不是堵，而是疏，只有建立在疏导基础上的动态稳定才能保持社会的持续稳定。

社会治理改革是一项综合性工程，牵涉方方面面，具有“牵一发而动全身”的特点。另外，社会治理改革的内容也非常庞杂，分散在经济、社会、文化、政治等不同领域，这些特点决定了社会治理改革将是一个渐进和配套推进的过程。因此，社会治理改革必须坚持立足实际、循序渐进、增量改革的原则，从实际出发，充分借鉴国外公共事务管理和公共服务创新的先进经验，以现有公共事务管理和公共服务体制为基础，立足现有制度创新，进一步完善社会治理创新实践的发展环境，并进行社会治理的增量改革便成为一种可行的选择。

从社会管理到社会治理的转变，既要求政府改革与政府职能的转变，也要求公民社会的成长与发育。然而，无论是政府的改革，还是社会的成长，社会治理改革的路都还很长。

三、目标任务

基层社会治理的根本目标是维护社会秩序、促进社会和谐、保障人民安居乐业，为党和国家事业发展营造良好社会环境，要实现这个根本目标，必须着力完成社会管理七个方面的基本任务。

（一）协调社会关系

所谓“社会”，就是现实生活中人们各种相互影响、相互作用关系的总和，没有“关系”就没有“社会”。一切社会问题都是在“关系”

中产生的，没有“关系”也就没有社会问题。因此，协调社会关系是社会管理的首要任务。社会关系是复杂的，从形式上看，有个人与个人、个人与群体、群体与群体、阶层与阶层、组织与组织之间的关系；从内容上看，有经济、政治、文化、教育等各种关系。在各种社会关系中，最根本的是利益关系。利益关系是多方面的，有经济利益、政治利益、文化利益等。在社会转型变迁过程中，由于群体分化、阶层分化、利益分化，不同群体、不同阶层都有各自的利益追求，各种利益之间存在差异甚至产生矛盾，利益关系复杂化是必然的现象。

协调社会关系，要注意以下四个问题：

第一，要把协调利益关系作为重点。社会关系具体表现多种多样，但最根本的是利益关系。如果只在一些无关紧要的问题上做文章，回避利益问题，社会关系是难以协调好的。利益关系协调好了，其他社会关系也就容易协调了。

第二，不能把利益问题抽象化。要着力解决人们“最关心、最直接、最现实”的利益问题。在协调利益关系时，往往存在把利益问题抽象化的现象，空洞抽象的道理讲很多，而眼前最紧迫的利益问题不解决。特别是民生问题，是人们最关心的现实问题，不能老是用“大局的、长远的利益”作为借口来搪塞，而是要解决具体问题。

第三，要兼顾各方面利益和诉求。协调的关键就是要做到“各得其所”，兼顾各方面的合理愿望，照顾各方面的正当利益。如果只考虑一些人的愿望和要求，忽视其他人的愿望和要求，社会关系是不可能协调好的。

第四，用制度化的协调机制来协调社会关系。不能只用临时的、应急式的手段措施来协调社会关系，要健全完善协调社会关系的各种制度。在协调社会关系问题上，习惯的做法是出什么问题、就解决什么问题，发生什么矛盾、就解决什么矛盾，缺乏制度化的协调机制。即使是对于突发事件、偶发问题，也应形成制度化的处理预案，当事情发生、问题出现时，也能及时有效解决。

（二）规范社会行为

社会活动是由社会成员的行为共同构成的。共同的社会活动需要有共同的行为规范。如果没有共同的行为规范，就会出现各行其是、互相妨碍的情况，社会活动就难以有序有效进行，社会的发展进步就会受到阻碍。社会活动的有序有效进行，依赖于社会成员行为的规范性。规范社会行为，就是要形成社会成员共同的行为准则，并且在实际社会活动中切实遵循这些准则。

当前，在社会生活中，存在一定程度的“行为失范”问题，主要表现为以下四个方面。一是出现价值观多元化，人们行为是非标准不一致，导致社会生活中人们实际行为冲突，引发社会矛盾。二是传统道德观念面临严峻挑战，消极道德观念影响蔓延，导致不良行为滋长。三是一些人法治观念、制度意识淡薄，有法不依、有制度不遵循。四是一些领域的制度不完善，致使人们行为准则不明确、行为无序混乱。

行为准则包括道德准则和制度准则，因此规范社会行为，既要重视思想道德建设，也要重视制度规章建设。针对社会行为失范问题，应从以下四个方面规范社会行为：

第一，重建社会共同价值观。在尊重、包容多样性的基础上，围绕共同奋斗目标和理想，形成社会共识，构建社会成员共同的价值观、是非标准。

第二，在弘扬优秀传统道德的基础上，形成具有时代特征、奋发向上的道德观念。道德观念对人们的日常行为具有直接影响，加强思想道德建设是规范社会行为不可忽视的重要方面。

第三，加强法治教育，增强人们的法治观念、制度意识，同时完善法律和制度实施机制，保证法律和制度得到切实遵循。

第四，加强制度建设，构建科学严密的制度体系，为人们的社会行为提供可具体遵循的准则。

（三）解决社会问题

社会问题是指在一定时期内，由于社会结构功能失调、社会关系失衡、社会秩序紊乱，所产生的妨碍社会协调发展，对社会成员生活工作普遍产生不利影响的社会现象。社会问题是广泛的，我国当前的主要社会问题包括收入分配问题、生态环境问题、人口问题、就业问题、教育问题、医疗卫生问题、社会保障问题、住房问题、老龄化问题、青少年犯罪问题，等等。

产生社会问题的具体原因是多方面的，基本原因可分为以下三类：

第一，社会运行中的不确定性、不可控因素。社会运行是复杂的，各种因素相互交织影响，往往产生难以预料、难以控制的后果。不管人们主观上如何努力，社会运行中的不确定性因素难以完全消除，社会问题也难以完全避免。

第二，社会转型变迁中社会结构和社会关系失调。社会转型变迁，不是一夜之间用新结构取代旧结构、新关系代替旧关系，新旧结构之间、新旧关系之间的过渡，需要一定时间、一定过程。在这个过程中，会出现社会规范紊乱、社会关系失调，因而产生社会问题。

第三，体制政策原因。社会体制是社会运行的机制，社会政策是调控社会活动的手段。不合理、不恰当的社会体制、社会政策是产生社会问题的一个重要原因。社会活动有自身的规律，而体制政策是人们创造出来规范、调控社会活动的，如果体制政策不符合社会活动规律，就会产生社会问题。

解决社会问题的手段措施多种多样，基本思路包括以下三方面：

第一，增强对社会活动的认知能力，提高对不确定性因素的预测能力和调控能力。这是一个不断努力的过程。对待社会问题要有客观理性的态度，虽然完全消除产生社会问题的不确定性因素是不可能的，但通过发挥人的主观能动性，能够控制社会问题发生的程度、范围和后果的严重程度。

第二，积极推进社会改革，加快社会转型变迁，尽量缩短社会结构、社会规范、社会关系的过渡期，防止社会问题积累、爆发。

第三，及时改革调整不合理的社会体制和社会政策。社会在不断发展变化，如果体制政策不及时调整，甚至长期拖延滞后，就必然会产生社会问题。

回顾上文可以看到，我国当前面临的各种社会问题不是突然产生的，而是长期积累下来的，一个重要原因，就是体制政策的改革调整跟不上，“新情况、新问题”与“旧体制、老政策”的矛盾十分突出。社会政策的实施、调整，要注意“社会政策边际效应递减”现象。一项社会政策开始实施的时候效果很好，但随着时间的推移、情况的变化，政策效应就会递减，还会逐渐出现负效应，引起社会问题。我们强调“政策需要稳定”，是指在政策的效应充分发挥出来之前，不要随意改变政策。但是，政策稳定不等于政策不能调整改变，当政策的效应发挥到最大程度之后，新的社会情况就出现了，政策效应就会递减，甚至会出现负效应，这时就应该调整原有政策，制定新的政策。

（四）化解社会矛盾

社会矛盾是由于人们在思想观念、价值观念、利益关系上的冲突所导致的实际社会行为的对立和冲突，其中以利益冲突为主。在社会生活中，矛盾时时、处处都存在，并不是所有的矛盾都是社会矛盾。社会矛盾是指在一定时期内，社会生活中普遍存在的、经常发生的，以利益冲突为基础的，以对立、对抗形式表现出来的，影响社会稳定发展的矛盾。

在社会转型变迁过程中，随着体制改革、政策调整，社会结构和社会关系发生了巨大变化，群体分化、阶层分化、利益分化、价值观念分化，必然产生社会矛盾。从当前来看，我国的社会矛盾主要有：某些不合理的体制政策所产生的利益分配不公平矛盾，群体分化、阶层分化产生的利益矛盾，某些群体利用自身优势过多占有社会资源引起的矛盾，利益关系调整中一些人的利益损失引起的矛盾，一些人的合法权益受到侵害引起的矛盾，社会活动中一些人受到不公正对待引起的矛盾。这些矛盾往往相互交织在一起，表现出社会矛盾的群体性、影响效应的连锁性、表现形式的激烈性、社会后果的破坏性，对社会生活秩序造成严重影响。

在实际工作中，化解社会矛盾有各种具体手段措施，从基本思路上看，应注意以下三个问题。

第一，健全完善制度，以科学合理的制度预防社会矛盾产生。对待社会矛盾，普遍存在一种态度，就是"重治轻防"，矛盾少的时候高枕无忧，矛盾多了急得不得了。社会矛盾产生了，当然要去认真解决，但是最好是防止社会矛盾发生或少发生。矛盾发生了，必然会产生严重后果，总不是好事情。从源头上预防社会矛盾，才是根本思路，这就需要健全完善各种制度，特别是利益分配、协调制度，用制度规范社会利益关系，减少社会矛盾。

第二，对社会矛盾要有敏感性，及时解决。对于社会矛盾，最好解决在萌芽状态，或者在影响范围小、后果不严重的时候，及时解决，不要使小矛盾演变成大矛盾，这是实际工作中的一个教训。社会问题、社会矛盾不是突然之间产生的，总有一个逐渐演变的过程。在问题、矛盾的早期，敏锐把握、及时解决，就可以避免它们造成严重的社会后果，也可以减小解决这些问题、矛盾所付出的代价。

第三，要综合运用各种手段措施化解社会矛盾。社会矛盾是复杂的，各种因素交织在一起，不能简单处理。要综合运用行政、法律、经济、协商、思想工作等手段措施来解决社会矛盾。单一的手段措施，往往难以解决社会矛盾。特别要注意，当前的社会矛盾主要还是人民内部矛盾，虽然也会以对抗性的形式表现出来，但在解决的时候不能简单地用对抗性手段来解决。从一些地方的经验来看，用非对抗性手段解决对抗性矛盾，效果是很好的。如何解决对抗性的人民内部矛盾，是当前处理人民内部矛盾的一个新课题。

（五）促进社会公正

社会公正是社会主义和谐社会的本质和基石。社会公正的基本含义是：在社会生活中，公平合理地配置社会资源，公平合理地分配各种利益。“资源”和“利益”是广泛的，包括经济、政治、文化、教育、公共服务、社会保障等各个方面的资源和利益。从类型来看，社会公正包括权利公平、机会公平、规则公平、分配公平四个基本方面。从内涵来看，社会公正包括保证每个社会成员平等地享有基本政治权利、基本生存权利、基本发展权利。

改革开放以来，我国经济社会发展取得了巨大成就，人民物质文化生活水平普遍提高，政治文化权益不断发展，教育普及程度显著提高，公共服务体系、社会保障体系逐渐完善，社会公正取得了明显进步。在改革发展过程中，由于体制改革、利益格局变化、社会关系调整，一些领域的体制改革滞后、政策调整不及时，也出现了一些不公正问题，主要是某些社会群体不合理地过多占用社会资源，利益分配不合理、收入差距较大，改革中一些人的利益损失得不到合理补偿，一些群众的政治、法律、社会权益受到侵害，公共服务享受不均等，社会保障不均衡，在一些社会活动中机会不公平、规则不公平，等等。

促进社会公正，从全局、长远意义来看，最根本的是完善法治、健全制度，而不能仅仅依靠行政手段、临时措施。全面维护和实现社会公正，必须从法律上、制度上、政策上努力营造公正的社会环境，保证全体社会成员都能够比较平等地享有教育权利、医疗权利、就业权利、福利权利、参与社会政治生活的权利和接受法律保护的权利。促进社会公正，当前要重点解决经济利益的合理分配、缩小收入差距问题，同时，还要重视维护公民的政治权利、社会地位、文化教育、司法公正、社会救助、公共服务和社会保障等方面的权益。

（六）应对社会风险

风险是由于自然界和社会活动中的不确定性因素可能给人们的社会生活带来的损失或危害，简要地说，风险是可能发生的危险。风险分为自然风险和社会风险两种基本类型。风险具有客观性、普遍性、不确定性、损失性和可变异性等基本特征。产生风险的最根本原因是不确定性因素，如果没有不确定性因素，一切都在人们的掌控之中，没有危险的事情就去做，有危险的事情就不去做，也就不会产生风险。

应对社会风险，从风险发生角度来看，要尽可能减少风险的出现；从风险后果来看，当风险不可避免地出现了，要尽量减小风险所产生的损失或危害。

第一，提高对不确定性的认识能力，增强对风险的防范能力。风险具有客观性、必然性，但是对待风险也不能持有悲观的态度，好像对风险无能为力。所谓“不确定性”实际上反映的是人的认识能力和事物变化规律之间的关系。深刻把握了规律，不确定性就小，而对规律认识不全面、不深刻，不确定性就大。对于不同的认识主体来说，不确定性是相对的，对于认识能力强的人来说，不确定性就小；对于认识能力弱的人来说，不确定性就大。因此，研究事物的变化规律、掌握丰富的信息、提高预测能力，不确定性是可以缩小的，风险在一定程度上是可以防范的。

第二，加强制度建设、完善社会规范，可以减少社会风险。制度学理论认为，制度是在社会活动中，受到人们尊重的、稳定的、不断重现的行为模式。在这种行为模式的规范和约束下，人们的社会行为及其走向便具有了可预测性，并形成相应的社会秩序。在制度完善的条件下，社会秩序是社会生活中的一种可靠预期，是一个可以预测的行为序列。在复杂的社会生活中，有了这样的预期，就能够减少不确定性，形成社会生活的有序性。因此，制度越是健全，社会秩序就越是稳定，社会生活中的混乱、矛盾和冲突就越能够降到较低的程度，社会风险就越少。

第三，预备应对社会风险的手段措施，减少风险可能造成的损失。风险是不可能绝对避免的，也必然造成一定的损失。如果预先准备了应对风险的手段措施，当风险出现时，就能够及时有效应对风险，把风险所造成的损失降到较低程度。不要等到风险出现了才想办法，那样损失就会很大。

（七）保持社会稳定

社会稳定是社会生活有序进行、社会和谐发展的基础。我们强调“稳定”，不是为稳定而稳定，稳定不是目的。现在有人对“稳定压倒一切”提出疑问，实际上表现出认识上的模糊。发展是目的，改革是动力，稳定是基础，“稳定压倒一切”是从这个意义上来说的。没有稳定的社会环境，要促进社会和谐、推动科学发展、深化改革，保障人民安居乐业是不可能的。

社会稳定是社会生活秩序的一种综合状态，是科学有效的社会管理的结果。在社会管理的七项基本任务中，可以说前六项任务是手段措施，而保持社会稳定是目的、是结果。什么是“社会不稳定”？或者说是什么原因造成社会不稳定？如果社会关系不协调、社会行为不规范、社会问题多、社会矛盾严重、社会普遍不公正、社会风险多，整个社会必然处于不稳定状态。如果社会关系协调、社会行为规范、社会问题不多、社会矛盾不严重、社会公正普遍实现、社会风险减少，整个社会就能达到一种较为和谐稳定的状态，就能实现“维护社会秩序、促进社会和谐、保障人民安居乐业，为党和国家事业发展营造良好社会环境”这个根本目标。

四、总体要求

按照中共十八届三中全会推进社会治理创新的总体构想，下一步推进基层社会治理创新应从以下几个方面着力。

（一）以保障改善民生为根本，夯实社会治理基础

大力发展经济、积极改善民生、妥善协调各方利益关系，是夯实社会管理基础的关键。不断健全社会安全网，扎实推进社会保险和社会救助机制建设，建立健全以最低生活保障、五保供养、医疗救助、临时救助等为基本内容的城乡救助机制，进一步扩大城镇社会保险覆盖范围，全面实现农村新农保、新农合、农村低保全覆盖，不断提高群众的生产生活水平。建立良好的市场秩序和公平竞争机制，克服体制性障碍，打击不正当竞争，减少行政干预。政府各部门应坚持让利于民，在工作中，必须坚持发展为了人民、发展依靠人民、发展成果由人民共享的理念，多解决人民群众工作和生活中的实际问题，不与民争利，不与基层争利，从根本上解决利益失衡与社会公正问题。建立健全统筹城乡发展机制，不断加大政府公共服务投入，大力发展社会事业，改革公共服务方式，优化公共资源配置，形成一套符合区情、统筹城乡、持续发展的基本公共服务机制，有效缩小城乡差距。

（二）以加强社区建设为重点，构建社会治理平台

在社区服务上，通过政府支持、社区共驻共建等方式，积极引导教育、保健、托幼、居家养老、家政等服务机构向社区拓展，不断完善为民便民服务体系，最大限度地实现社区资源的共有共享。将民政、矛盾调处、劳动保障、社区服务、合作医疗等服务窗口集中起来，实行“一

体化”办公、“一条龙”服务，更好地方便群众办事。依法加强对民主直选村委会干部选举的监督和领导，设定严格的干部候选人标准，确保党对农村基层组织的领导。逐步加大对基层投入力度，为村（居）、社区一级组织开展正常活动提供经费、场所保障；不断提高村（居）干部工资待遇，进一步完善村（居）干部的养老保险制度，解除村（居）干部的后顾之忧。

（三）以矛盾纠纷化解为突破口，解决社会治理突出问题

紧紧围绕排查化解社会矛盾，有效解决社会管理存在的突出问题，有力促进社会和谐稳定。要进一步完善“党委政府统一领导、政法综治牵头协调、职能部门共同参与、社会各方整体联动”的社会治理格局，探索建立“一综多专”的矛盾化解机制，采取“党政领导、综治牵头、依托部门”的模式，在矛盾纠纷多发领域，建立完善相关专业调处机制，配备专职人员，完善工作制度。特别是针对当前房地产开发、环境保护、劳资关系、医患纠纷、交通肇事等社会矛盾和问题，应积极建立房地产开发领域、医患纠纷、交通肇事纠纷等重点社会问题专门联动调处机制。

（四）以体制机制创新为关键，提高社会治理能力

加快推进体制机制创新，有效完善基础性、关键性社会管理制度，做到硬办法要用好、软办法要有效、老办法不能丢、新办法要跟上。降低登记门槛，放宽准入条件，重点扶持发展包括城乡专业经济协会在内的公益性、慈善性服务组织，鼓励形成更多的社会组织，推动自我治理、自我提高。加快流动人口服务管理信息化建设，在推广“网络化”管理的基础上，开发建立可供各单位和企业共用的流动人口和出租房屋管理平台，实现市、县（区）、乡镇（街道）、社区（村）联网，人保、教育、卫生、房管、工商等部门信息共享。

（五）以社会组织建设为载体，集聚社会治理合力

社会组织是创新社会治理的重要力量，应不断创新思路，大力构建社会管理组织新格局。建立党委领导、政府负责、综治部门牵头、有关部门配合的工作格局，成立领导小组及其办公室，具体负责综合试点工作的组织实施。积极推进政府职能转变，加快将技术性、服务性职能向社会组织转移，在乡村、社区、外来务工集中地，建立以党组织为核心的群众自治组织和经济社会组织，把党和政府的政治优势转化成基层发展、自治的主导优势，形成“小政府、大社会”治理体系。

五、总体格局

按照健全党委领导、政府负责、社会协同、公众参与的社会治理格局的要求，加强和创新基层社会治理。党委领导是根本，政府负责是关键，社会协同是依托，公众参与是基础，四位一体，有机联系，不可分割。

党委领导，就是要发挥党委在基层社会治理格局中总揽全局、协调各方的领导核心作用。合理配置党政部门社会管理职责权限，切实解决多头管理、分散管理、难以形成有效合力的问题。在坚持党的领导的同时，不断改善党的领导，发挥政治优势，善于舆论引导，充分发挥各种媒体作用，不断提高化解各种社会矛盾、构建和谐社会的能力。

政府负责，就是要强化政府的社会治理职能，做到职能到位，既不越位，也不缺位。凡是公民、法人和其他组织通过自律能够解决的问题，行业和中介组织能够解决的问题，政府不干预；应该由政府管理的事项，政府应当管住、管好。要建立和完善社会管理考核机制，研究制定科学的社会管理考核指标，把考核结果作为政府及其工作人员奖惩和使用的重要依据。

社会协同，就是要发挥各类社会组织的作用，组织社会力量参与社会治理。要加强以城乡社区为重点的基层基础建设，推动包括社会团体、行业组织、中介机构、志愿者团体等在内的各种社会组织发展壮大，发挥各类社会组织提供服务、反映诉求、规范行为的作用，强化各类企事业单位社会治理责任。

公民参与，就是要充分发挥人民国家人民管理的作用，引导公民依法理性有序参与社会治理。要提高基层群众自治组织自我管理、自我服务、自我教育、自我监督能力，加快组建专业社会工作者队伍，大力发展信息员、保安员、协管员、巡防队等多种形式的群防群治力量，健全社会志愿者服务长效机制。

加强和创新基层社会治理，是我们在新的历史时期面临的重大任务，关系到人民群众的切身利益，关系到改革发展稳定的大局，关系到国家长治久安。我们要紧紧把握科学发展的要求，大力加强和创新社会治理，为全面建设小康社会、发展中国特色社会主义事业提供有力保障。

（一）基层党组织是核心

中国共产党是中国特色社会主义事业的领导核心，加强创新社会治理需要党的统一领导，才能确保正确的社会发展方向，才能实现社会的稳定发展。基层党组织是党在社会基层组织中的战斗堡垒，是党的全部工作和战斗力的基础，基层党组织在基层社会治理中的核心作用必须得到有效保障，基层社会治理的发展也必须紧紧以基层党组织为核心。社会由不同的利益集团构成，利益间的争夺又导致众多的社会矛盾，这就必须充分发挥党组织总揽全局、协调各方的关键作用，运用社会发展的客观规律实现各方利益的动态平衡，增添基层社会治理的活力，实现基层社会治理的有序发展。基层党组织所肩负的基层社会治理使命是伟大而艰巨的，基层党组织必须紧跟时代步伐，充分发挥学习型党组织的带头作用，在思想与行动上和社会治理的发展趋势保持高度一致，切实将基层社会治理推向一个新的历史层次。

（二）制度保障是关键

基层社会治理的有序、良性发展离不开制度上的保障。首先，基层的社会治理离不开社会组织的支持与合作，然而我国的社会组织发展很慢，假使缺乏社会组织这一重要平台，那么公众的基层社会治理参与度将直接下降，进而无法形成基层公众与基层政府的良好互动，所以加强和创新社会治理必须注重在制度上保障社会组织的培育与发展。其次，公众在参与社会治理的过程中缺乏利益表达机制，这与社会组织的培育与发展不够有一定的关系，如果公众不能够有效表达自己的利益取向，那么公众对社会治理的参与热情必将降低甚至消失。所以在制度上完善公众的利益表达机制是十分必要的。最后，在基层的社会治理中必须拥有一批优秀的社会管理人才，才能够有效实现基层社会治理的发展，但由于基层的艰苦性，无法吸引和留住众多优秀人才，这就需要政府出台相应的政策，实现制度上的保障，从而推动基层社会的发展。

（三）公共服务是重点

基层社会治理必须加强基层公共服务。首先，基层政府要着重从管理意识迈向服务意识，要加强基层工作人员的服务观念、大局观念，切实以服务公众为先，以大局为重。其次，基层政府在具有服务意识的基础上必须建立健全基层公共服务体系，基层公共服务不仅包括一些硬件设施的提供，而且需要在软件上加强，为公众提供教育、培训等服务，切实提高基层公众的社会工作的适应能力，实现社会人力资源的优化组合，实现高效的社会发展水平。基层公共服务的意义重大，原因是基层政府与社会公众直接接触，他们的联系最为密切，如果基层公共服务不到位将使政府在社会公众中的形象受损，政府的能力和权威受到公众质疑。所以基层公共服务必须贴合公众的需求，关注公众的难处，切实高效地提供一系列软硬件设施，让公众感受到政府的关怀并享受我国的发展成果，从而在与基层公众的直接接触与互动中实现基层社会的稳定与发展。

（四）民生保障是基础

基层社会治理必须保障民生，必须保障基层公众的基本生活需求。基层公众缺乏基本的社会保障将产生大量的社会问题。首先，基层社会治理必须摸清基层公众的实际生活状况，必须重视对弱势群体的关心与支持，必须建立健全对弱势群体的救助与补助体系，这些不仅体现了政府对人民的高度负责，而且可以避免基层社会极端事件的发生；其次，需要加强和完善基本的医疗体系制度，特别是在广大乡村地区，要防止因病返贫对基层公众造成极大的心理落差进而产生的一系列社会问题；最后，政府在对基层公众的民生建设中需要加大财政投入力度，并且在资金分配和运作上必须让公众参与，真正使民生建设符合公众的现实需求，真正实现保障民生，造福民众。

第五章 加强和完善党对基层社会治理的领导

加强和创新社会治理，是中央确定的重大战略任务，不仅关系到科学发展观的全面落实，而且涉及执政地位的巩固、社会的长治久安。基层党组织是党的全部工作和战斗力的基础，是社会治理中最直接、最基本、最有效的力量。发挥基层党组织在社会治理中的领导、协调、督促作用，迫切需要提升基层党组织的领导力。

一、重塑执政理念、提升基层党委统揽全局的能力

伴随着城乡结构、就业结构、社会阶层结构和社会组织形态发生的诸多新变化，社会治理也必然出现一系列新情况新问题，因此必须实现创新，才能尽快修补社会管理的薄弱环节，才能更有效、更好、更科学地进行社会治理。

（一）坚持科学的执政理念

1. 坚持以人为本理念

坚持把人才资源作为第一资源，确立党员、干部、人才在党建工作中的主体地位；要把品德、知识、能力和业绩作为衡量人才的主要标准，树立人人都能成才的科学人才观；要把促进人的发展和依靠人发展

作为组织建设的出发点，形成尊重人、关心人、爱护人，用事业凝聚人心、用实践造就人才，有利于人才脱颖而出的良好氛围；要正确看待人才、公正评价人才、及时培养人才、合理使用人才；要尊重、引导和保护好广大党员、干部、人才的正当需求，努力实现、维护和发展好他们的合法权益，解决他们的实际困难。

2. 坚持统筹协调理念

要把“围绕中心、服务大局、促进发展”作为党的建设的基本职能，跳出“就党建工作抓党建工作”的“小圈子”，树立“大组织”“大服务”观，努力寻找工作服务、促进科学发展的结合点，做到加强自身工作与服务党的中心任务的统一，既立足本职做好工作，又紧紧围绕中心、为大局提供有效服务；做到重点工作与一般工作的统一，既突出党的执政能力建设和先进性纯洁性建设这条主线和重点，又兼顾各方面常规工作；做到当前工作与长远工作的统一，既立足当前，解决突出问题，又着眼长远，做好打基础工作；做到强化工作指导与狠抓工作落实的统一，既实现科学规划、科学部署、科学指导，又搞好对下级组织和基层工作的督促检查，促进工作落实。

3. 坚持全面可持续理念

既突出重点，又兼顾其他，做到干部队伍建设、基层组织建设、人才队伍建设、自身建设“四个轮子”一起转，思想建设、组织建设、作风建设、制度建设“四大建设”一起抓，使各方面工作相互推动，整体推进，提升组织建设的整体效应。始终坚持解放思想、实事求是、与时俱进、求真务实，针对基层党的建设工作存在的各种不适应问题，大胆探索，勇于创新，实现党建工作的持续发展。

（二）强化党的领导

进一步强化社区党组织的领导核心地位，使社区多元利益主体在党组织的统筹协调下，形成多元互动、优势互补、共建共享的社区治理新格局。在一些成熟的或有社区资产的社区，可以借鉴现代企业的治理结构，在社区层面建立社区理事会（议事会）和社区监事会。由社区居民、驻区单位、社会团体等热心社区工作，参与能力较强的各方代表组成社区理事会对社区事务的议事、决策。社区监事会是社区成员代表大会闭会期间的常设民主议事监督机构，它由辖区内热心公益、议事能力强、为人正派的党员代表、人大代表、政协代表、知名人士、居民代表、单位代表等人员组成。

二、创新基层党组织活动方式，发挥基层党组织的引领作用

（一）创新基层党组织设置方式

1. 创新农村党组织设置方式

农业产业化是发展现代农业的重要内容和基本途径，是实现城乡一体化发展的重要经济纽带。农业产业化的不断升级给基层党组织建设带来了一些新问题，如随着大批党员在产业间频繁流动，单凭村级组织已难以对党员实施有效管理，因此，建立产业党组织，并以产业链为纽带建立产业联合党组织，就成为实践发展的必然要求。要打破城乡行政区划界限，以产业关系为纽带，在龙头企业、生产基地、行业协会、经济合作组织、专业市场等关键环节和产业链上设置党组织，实现产业党组织建设与产业发展的有机融合。以产业分类为主要依据，结合各乡镇、村的区域特点、产业特色、经济规模、党员人数和职业分布实际，新设立的专业党组织大体上有四种形式：一是产业党组织，依托“一村一品”示范基地建立党小组，把抓党建与兴产业紧密结合起来；二是协会党组织，围绕特色产业发展，在党员较多的农村产业协会设立

党组织；三是合作社党组织，把从事农产品产、供、销服务的合作经济组织中的党员组织起来建立党组织；四是企业党组织，以产业化龙头骨干企业为主体，采取单独组建、联合组建等方式建立党组织。

2. 创新城市社区党组织的设置方式

创新城市社区党组织的设置方式，成为构建城市基层党组织探索构建区域化党建格局的需要，是能够尽快形成组织全覆盖、工作区域化、活动开放式、管理服务型的新模式。对组建党组织条件不成熟的单位，可先建立工会和共青团等群团组织，以群团组织建设促党建。同时，要顺应城市人口加快集聚的形势，将党组织延伸到社区楼院，依托相对集中的工业区、住宅区、商业区以及社区为基本单位建立党组织，如楼道支部、专业市场支部、商会支部、离退休支部、再就业支部、商场支部、流动支部等。

3. 创新“两新”组织党组织设置方式

“两新”组织，是新经济组织和新社会组织的简称。新经济组织，是指私营企业、外商投资企业、港澳台商投资企业、股份合作企业、民营科技企业、个体工商户、混合所有制经济组织等各类非国有集体独资的经济组织。新社会组织，是指社会团体和民办非企业单位的统称。创新“两新”组织党组织设置方式，首先要对所在区域“两新”组织基础数据和基本情况进行整理比对，按照条块结合、区域托底的原则，对重点党建区域进行调研，进一步落实管理、明确职责、理清隶属，有效梳理党组织设置架构，为组建“两新”党组织创设条件。其次要以推进支部规范建设为目标，加强指导力度，规范支部的组建程序。组织专人上门帮助新成立的“两新”党组织完善达标建设，如党组织班子建设、规章制度建设、落实“七个有”标准等。通过选好配强支部书记、制作完成党务公开栏、开辟支部活动场所等前期相关工作，有效构建“党员之家”，形成职责分明、行之有效的党组织工作合力，使支部建设步入规范化、制度化轨道。

（二）创新基层党组织活动方式

1. 创新工作理念

要改变过去一些灌输式的、形式化的思想教育手段，坚持以人为本，做到尊重人、理解人、帮助人、团结人。积极借鉴运用现代管理科学、行为科学、人力资源开发等学科的科学理念和现代手段，更多地依靠非权力因素增强基层党组织的影响力。注意运用说服教育、政策引导、示范服务和民主协商等方式开展基层党建工作。特别强调的是，在市场经济条件下，当个人的合理利益无法得到实现时，人的思想就会失衡，直接影响积极性和主观能动性的发挥。“又要马儿跑、又要马儿不吃草”的做法在市场经济条件下终归是行不通的。因此，树立新的个人利益理念就要实事求是地承认党员有合理的个人利益需求，党员有实现合理的个人利益需求的权利，党组织有保护党员合理个人利益的责任。党组织只有承认党员有追求和实现个人合理利益需求的权利，才有可能主动研究和解决党员的个人需求，消除党组织和党员之间的距离感。

2. 创新活动内容

科学设计基层党组织活动内容，让党员群众在组织活动中得实惠、受教育。注重新知识、新理论的教育和传播，实施组织活动动态分析管理，实时更新内容，让党员第一时间接触前沿理论，领会要义。把解决问题作为活动重点，做到更加贴近基层经济社会转型发展、更加贴近基层和谐稳定、更加贴近基层群众需求，紧扣实际谋划实施。赋予基层党员更多的话语权，让基层党员参与方案策划和内容设计，充分反映党员意愿。要注意根据各种不同类型基层党组织的特点，体现集中与分散、脱产与业余、规范与灵活相结合的原则，积极探索多样化、效率化、效果实的基层党组织活动方式，如举办论坛、研讨、沙龙、情景模拟等方式，增强活动的效果和感染力，提高组织生活质量。在活动时间安排上，除了必须集中的重要活动，尽可能少占用工作时间。注重高新技术手段特别是信息技术的运用，借助现代信息网络技术和电子视频的优势，开辟网上党员组织生活新途径，进一步拓展党组织的活动空间。要完善活动机制。在活动机制创新路径上要找准支撑点。

3. 完善活动制度

创新活动方式最终要体现在推动和实现党内生活规范化、制度化上。要着力完善组织活动的运行制度，探索建立党员学习、党员活动、党员评议、党员目标管理等一批长效机制，使每位党员都能始终保持“党员意识”和“先进意识”。切实加强流动党员的活动机制建设，通过建立流动党员党支部、流动党员参加在职党支部活动，以及建立党员IC卡档案管理系统、构建流动党员学习交流网络平台等方式，丰富流动党员的活动内容和渠道。全面加强党员活动阵地建设，特别要构建一批社会化、敞开式、区域性的党员服务中心，努力把党员活动阵地建成基层单位的政治中心、经济中心、信息中心、培训中心和活动中心，使城乡基层党组织都能就近找到场所开展活动、发挥作用。健全完善基层党组织创新工作激励机制，推进基层党组织创新活动深入有序开展。

三、建立基层党建与基层社会治理的互动机制

（一）进一步推动党建带社建

党的十八大要求，要着力加强基层党的建设，以党的基层组织建设带动其他各类基层组织建设，充分发挥基层党组织推动发展、服务群众、凝聚人心、促进和谐的作用。民政部《关于在全国推进城市社区建设的意见》指出，社区党组织是社区组织的领导核心，要探索新形势下基层党组织引领社会建设与社会管理新途径。加强社会领域的党建工

作，引领带动社会领域建设全面发展，对于巩固党在基层执政基础、推动区域经济科学发展和加强创新社会管理有着重要意义。

1. 党建带社建工作的重要性和必要性

首先，加强党建带社建是巩固党在基层执政基础的内在要求。党的基层组织是党在社会基层组织中的战斗堡垒，是党的全部工作和战斗力的基础。“基础不牢，地动山摇”。夯实党在基层的执政基础是党建带社建工作的核心内容。当前，党的自身建设面临“四大考验”和“四种危险”等严峻的挑战，抓好基层各领域党建工作，特别是以党建引领带动社会建设领域工作，对于巩固党的执政地位有着至关重要的作用。只有通过加强党建带社建，进一步转变执政方式、领导方法和工作机制，才能不断提高党领导社会工作的能力和水平，切实夯实党在基层的执政基础。

其次，加强党建带社建是推动区域经济科学发展的现实要求。党的十八大指出，要充分发挥基层党组织推动发展的重要作用。社会领域党组织作为基层党组织的重要组成部分，在推动区域经济科学发展中具有重要地位。当前，中央提出了两个“一百年”和实现“伟大中国梦”的奋斗目标，只有通过加强党建带社建，进一步引导涪陵区社会组织、党组织和广大党员树立服务发展理念，提升服务发展水平，增强服务发展成效，切实将党的政治优势、组织优势和资源优势转化为推动区域经济科学发展的强大动力，才能为打造“三区一城、幸福涪陵”提供坚强的组织保障。

再次，加强党建带社建是加强创新社会管理工作的迫切要求。党的十八大指出，加强社会建设，是社会和谐稳定的重要保证。加强和创新社会管理作为社会建设的重要组成部分，是社会建设领域党组织的重要职责。当前，随着工业化、城镇化进程的不断加快，城市基层社会结构和社会组织形式发生了深刻变化，社会建设领域已成为流动人口的集散地、各类组织的集中地、各种社会思想的扩散地、各级社会矛盾的聚集地。只有通过加强党建带社建，进一步提升社会领域党组织服务群众和社会管理能力，切实加强和创新社会管理，才能有效促进社会和谐稳定。

最后，加强党建带社建是破解基层党建薄弱环节的客观要求。党的十八大提出，创新基层党建工作，夯实党执政的组织基础。当前，涪陵区基层党建工作按照中央和重庆市委及涪陵区委的要求，取得了一定的成绩，但还存在一些薄弱环节，如社会建设领域的组织体系还不够完善，活动开展形式还不够丰富，党员队伍还存在边缘化现象等。只有通过加强党建带社建，积极改革创新，才能切实破解社会建设领域党建工作薄弱环节，全面推进社会领域党的建设工作。

2. 加强党建带社建工作的对策和建议

党建带社建工作是党的自身建设与社会建设方式上的重大转变，是一种创新型基层社会管理模式。在推进党建带社建工作实践中，党建带社建契合了基层组织建设和社会建设的实际和发展趋势，符合党建工作科学化的根本要求，应在深入实践的前提下，不断改革创新、丰富完善、加以推进。

第一，注重为民服务，进一步强化党建带社建工作理念。要始终坚持解放思想、与时俱进，注重突出为民服务，切实增强党建核心理念、引领带动理念和共建共享理念。一是坚持党建核心引领不动摇。党建带社建工作要始终坚持突出党的价值核心，坚持党的领导在党建带社建工作的龙头主导作用，要牢固树立在思想上、组织上、队伍上、作风上带动的理念，切实带动社会建设领域全面发展。二是坚持民本价值不懈怠。党建带社建工作要始终坚持把以民为本、群众满意作为党建带社建工作的中心理念，充分发挥社会领域党组织联系服务群众的桥梁纽带作用，积极为群众办实事、做好事、解难事。通过党建带社建，切实把党的宗旨和执政理念转变为现实实践和群众认同。三是坚持共建共享理念不偏废。党建带社建工作要始终坚持树立党的建设和社会建设共同促进、共同发展、共同提高理念，通过党建带社建，切实达到党建有加强、社建有提高、共建得实惠的目的。

第二，注重激发活力，进一步创新党建带社建工作内容。要始终坚持敢为人先、攻坚破难，通过突出重难薄弱、拓展延伸、创新载体，切实激发党建带社建工作内生活力，进一步创新工作内容。一是加快突破重点薄弱。党建带社建工作中要以“党建”为重点，把握“社建”难点，通过“党建引领、群建突破、社建跟进”的工作方法，加快突破薄弱环节。党建引领是指通过发挥好党建思想政治引领、组织建设引领，确保党建引领作用贯穿始终。群建突破是指发挥工会、共青团、妇联工作在党建带社建工作中的桥梁作用，最大限度地凝聚、发展正能量，确保党建带社建工作中群团建设有新突破。目前，涪陵区在这方面已经有一些经验和实践。社建跟进是指通过理顺社会组织同党组织关系，重点探索发挥社会组织、党组织和党员作用，不断增强社会组织的生机与活力，确保社建工作有新突破。二是加快拓展工作内容。重点做好“组织设置、工作形式、工作方法”等内容创新，加快拓展党建带社建工作内涵外延。在组织设置拓展创新上，要理顺党组织与社会组织的关系，加大在“两新”组织、工业园区等成立党组织的力度，不断拓宽党组织覆盖面。在工作形式拓展创新上，要按照实效性、行业性、地域性原则，建议广泛开展“我为企业献一计”“社区是我家”等主题实践活动。在工作方法拓展创新上，要牢固树立“服务群众”理念，积极探索进家入户、谈心交心等群众认可的工作方法。三是加快创新工作载体。大力开展党建带社建服务平台（站、点）建设工作，加快创新工作载体。利用联建单位组织平台优势为全区党员群众提供咨询、维权、就业等免费服务，探索运用数字互动电视、手机党报和现代远程教育网络站点等载体，向社会建设领域覆盖延伸。

第三，注重常态长效，进一步健全党建带社建工作机制。要始终坚持立足当前、着眼长远，通过构建党建带社建工作领导机制、运行机制、保障机制，切实保障党建带社建工作机制常态化、规范化、实效化。

一是强化领导机制不能变。在党建带社建工作中建立的领导机制要确保常态化，不能擅自变更、随意撤销。重点在街镇乡设立党建带社建工作常态化领导小组，将党建带社建工作纳入重要议事日程，统一安排部署，街镇乡党建办负责相关工作的具体协调。领导小组通过党建带社建工作联席会议进行统一指挥协调，通过辖区单位民主平等、协商互动，共同研究讨论区域内党的建设、社会管理等方面的重大事项，统筹解决工作中存在的问题。

二是强化运行机制不能乱。在党建带社建工作中制定的党建带社建工作日常办法要确保规范化，不能政出多门、杂乱无章。重点做好规范化运行机制的信息沟通、信息报送、活动策划、沟通协调等工作。按照“五定”原则，推进党建带社建工作。将党建带社建工作作为基层党建考核的重要内容，通过随机走访、日常考察、年终考核等方式，加大党建带社建工作考核督查力度，确保工作落到实处。

三是强化保障机制不能软。在党建带社建工作中制定的保障机制要确保实效化，不能措施疲软、保障缺失。重点做好实效化保障机制的“人财物”保障工作。深化巩固组团帮扶工作，将工作重心转移到社会建设领域。探索在社会建设领域党组织选聘专职副书记、组织员和指导员制度。通过财政支持、党费返还等途径，加大对社会领域党组织经费的投入力度。积极争取市、区两级财政支持，在社会建设领域集中建设一批综合性党群活动中心。

3. 努力建设基层服务型党组织

（1）基层服务型党组织的内涵和建设意义

任何政党都有其阶级基础，都代表一定阶级的利益。判断某个政党的性质的关键是看这个党是代表哪个阶级的利益，体现哪个阶级的意志和愿望，具有哪个阶级的特性。“我们共产党人区别于其他任何政党的又一个显著的标志，就是和最广大的人民群众取得最密切的联系；全心全意地为人民服务，一刻也不脱离群众；一切从人民的利益出发，而不是从个人或小集团的利益出发；向人民负责和向党的领导机关负责的一致性。这些就是我们的出发点”。

由此可见，全心全意为人民服务是中国共产党的根本宗旨。党的基层组织是党的细胞，是党全心全意为人民服务宗旨的最具体执行单位，是党的各项理论和方针政策的贯彻者和执行者。毫无疑问，党的基层组织作用发挥得好坏，直接影响党的执政能力，直接关系党的执政基础的稳固。党的基层组织是发挥党的战斗堡垒作用的重要阵地，是党全部战斗力的基础。什么是基层服务型党组织？其实，共产党的根本目的是全心全意为人民服务，而它的基层组织显然也要秉承这一理念。因此，基层服务型党组织就是以服务作为工作的主要载体来秉承党的全心全意为人民服务的根本宗旨。

党的十八大报告明确指出：“以服务群众、做群众工作为主要任务，加强基层服务型党组织建设。”加强服务性基层党组织建设是建设服务型的马克思主义执政党的重要内容和重要保障。没有基层服务型党组织作为厚实根基，服务型的马克思主义执政党建设就会成为无源之水、无本之木。不难看出，基层服务型党组织以群众为主要服务对象，基层服务型党组织就是对党全心全意为人民服务这一根本宗旨的深化、细化和具体化。

建设基层服务型党组织，是新时期加强党密切联系群众路线的需要。“构建社会主义和谐社会的大量工作同党的群众工作有密切联系，要求我们把联系群众、宣传群众、组织群众、服务群众、团结群众的工作做得更好。各级党委、政府和领导干部都要坚持贯彻党的群众路线，带着深厚的感情做群众工作，千方百计把群众工作做深、做细、做实”。党员是党建工作的主体，服务不应仅仅限定于作为党组织的党建功能来开发，更应该把服务上升为一种理念、一个宗旨，使它的价值有更强的统领性和贯通性。

(2) 基层服务型党组织的建设目标

基层服务型党组织的建设目标是通过强化基层党组织的服务功能来巩固党的执政地位、夯实党的执政基础，不断促进社会发展。改革开放以来，随着新的社会组织和新的经济组织的大量出现，社会主体逐渐由“单位人”向“社会人”转变，这就为新形势下加强党的基层组织建设提出了挑战。在新形势下，我们党提出了建设基层服务型党组织是基于时代的要求做出的新举措。基层服务型党组织建设的目标，一是切实把基层党组织建设成全心全意为人民服务的纯洁性组织；二是切实把基层组织建设成始终走在时代前列的先进性组织。

共产党人没有自己的特殊利益。党的基层组织建设得好坏直接关系到中国特色社会主义事业的发展，我国的社会主义建设史表明，凡是党的基层组织建设好的时候，我们的社会主义建设事业就很顺利；凡是党的基层组织建设出现问题的时候，我们的社会主义建设事业就会受挫。近年来出现的严重腐败问题、出现的享乐主义等都是党的纯洁性建设不到位的具体表现，而这些问题的根本原因在于党员领导干部脱离了人民群众，从而经受不住执政的考验、改革开放的考验、市场经济的考验和外部环境的考验。所以，我们共产党人一定要明白群众才是真正的英雄。

基层服务型党组织的党员应该成为社会主义核心价值观的带头践行者，发挥出新时期共产党员的先进性作用。在新的历史条件下，党员的先进性不再是冲锋杀敌、不再是与敌人搏杀，更多的是体现在平凡岗位上的奉献。在革命战争年代，党性突出强调革命性和纪律性等；共产党员的党性要通过发动群众、组织群众进行武装斗争、取得战争与革命胜利的能力和实践来展现在和平年代，党员的党性主要体现在平凡的岗位上，在岗位上是否默默奉献、在关键时刻是否冲锋在前等。基层是发挥好共产党员先进性的大舞台，“基础不牢，地动山摇”。

（3）基层服务型党组织的建设原则、服务体系、运行机制

第一，基层服务型党组织建设的原则主要有党员示范原则、“零距离”服务原则和“因地制宜”的原则。

党员示范原则，就是要加强对党员的教育和管理，确保党员走在服务群众第一线。要想让基层党员成为服务群众的排头兵，就要发挥好党员的示范作用。其一，要在党内形成一种关怀机制，重点关怀困难党员。其二，在党内关怀机制的带动下，形成广大党员关怀群众、服务群众的示范效应。可以考虑做好以下工作：及时公布党内信息，拓宽党员意见表达渠道，鼓励和保护党员讲真话、讲心里话，营造党内民主讨论、民主监督环境。引导广大党员认真履行义务，正确行使权利。从思想、工作、生活上关心党员，加强对老党员和困难党员的帮助，要落实好基层党员教育培训规划，拓宽党员受教育渠道；可以鼓励党员带头参与志愿服务，推广党员承诺制，探索建立党员在居住地发挥作用的新机制。

“零距离”服务原则，就是群众有困难可以随时找到党员和党组织获得帮助。可以考虑成立党员代办服务中心，拓展便民服务功能。以服务困难群体为重点，面向基层党组织所在辖区的全体居民，试行党员代办服务制度，即规定辖区内居民需要到上级部门办理的事项，按照受理、承办、回复三个环节，由党员代跑帮办，义务为居民提供全方位服务。

“因地制宜”原则，就是结合本单位、本部门工作的特点，在服务群众这一共性大目标的基础上，找出切合本单位能够有效积极服务群众的“金钥匙”。本单位要合理配置资源，不断改善服务群众的基础设施

条件，同时也不断增强服务群众的积极性与主动性。比如，遵义市的特点就是坚持“因地制宜，量力而行”的原则建立了县、乡、村、片四级服务网络。党员服务平台与党员的形象联系在一起，这样党员服务群众的积极性就会调动起来。

第二，基层服务型党组织的服务体系。基层服务型党组织的服务体系主要包括三方面的内容。首先，落实相关责任；其次，健全服务网络；最后，加强服务的持续性，畅通服务渠道。上级党委主要负责分工，要规定好哪些部门负责乡镇与村两级服务网络的筹备，哪些部门负责业务的指导和考核，哪些部门负责服务的监督与检查。

健全服务网络，主要是形成区、乡镇、村或者社区服务体系的建设。可以考虑把全区的乡镇划分给相应的区直机关部门，区直机关部门派专人轮流定期驻所在乡镇，实行联系制度。区级领导进驻乡镇，联系若干户群众，乡镇和区直机关领导进驻村和社区，也联系若干户群众。区直机关部门可以根据情况为村民开展便民服务，如农业局为村民开展便民农业知识服务，司法局则进行司法知识服务。这样就会形成区、乡镇、村与社区的“三网合一”，解决了群众上访难、找不到党组织的问题，这在第一时间内可以传播出党的声音，也可以在第一时间对群众反映出的问题作出回应。

加强服务的持续性是对基层党组织服务的延伸。如果我们基层党组织建设仅仅停留在口号和阶段性层面，那基层党组织的作用就没有从实质上发挥出来。只有做到持续服务和永久服务，人民群众才会永远拥护党，社会才会更加和谐稳定。如果能使倡导变成事实，能使服务常态化、制度化，这样的基层党组织才是真正的基层服务型党组织。我们要知道，党员领导干部的选拔和任用是有年龄限制的，但为人民服务却没有“最佳年龄”，只要是一名党员，就应该时刻为人民服务，为群众传递正能量。

第三，基层服务型党组织的运行机制。基层服务型党组织的运行机制主要包括健全的基层服务网络体系和相对应的组织管理机制。

应该积极主动地适应新时期城乡协调发展的新局面，在推进区域化党建的同时，不断创新基层党组织的设置，探索基层党组织设置和管理新机制。“通过建立服务群众创先争优的激励制度和党建工作创新的扶持奖励制度，充分调动基层党组织和党员干部的工作积极性”。通过规范的管理制度来优化服务机制，确保各种服务机制健康有序运行。把服务群众的效果和质量纳入目标考核管理，以目标完成情况的考核为终结。重点考核党员的服务业绩，这样就可以充分调动党员工作的积极性，并且可以起到示范引领作用，使群众增强对党组织的认同。同时，也要构建党内关爱机制，构建党内关怀激励体制。要保证村干部报酬的正常增长，要确立党员的帮困基金，确立困难党员、老党员的慰问补贴机制。通过各种激励方法来增强党员的责任意识，从而更好地促进党员在各自的工作岗位上充分发挥先锋模范作用，实现党内关怀带动服务群众的良心互动。

把握群众工作规律，创新干群工作新机制。坚持群众路线，把握群众工作规律，这是我们党构建和谐干群关系的重要途径，也是构建基层服务型党组织的最好方式。在新的历史时期，要充分依靠法律手段，在开展群众工作中必须做到办事公道、办事依法，杜绝以言代法、以权代法等错误行为。要积极探索出群众利益诉求的表达渠道，如开辟“网络民意直通车”，健全网上社会舆情汇集分析机制等。

（4）基层服务型党组织建设的着力点

党的基层组织建设是加强党的建设的重要组成部分。我们要充分认识当前党的基层组织工作存在的问题，要积极顺应形势的发展需要，研究新情况，探索新对策，切实抓好党员教育和管理工作，使广大党员能够迅速适应新的形势和任务的要求，充分发挥基层组织的先锋模范作用，坚持全心全意为人民服务，进一步巩固党的执政地位。

加强新形势下基层党组织工作，就要加强和改进党员教育工作，这是建设基层服务型党组织的着力点。加强和改进党员教育工作，首先要加强党员的理想信念教育工作，其次要做好党员对马克思主义的学习工作，最后要建立和健全党员教育的奖惩机制。

我们党的入党誓词是：“我志愿加入中国共产党，拥护党的纲领，遵守党的章程，履行党员义务，执行党的决定，严守党的纪律，保守党的秘密，对党忠诚，积极工作，为共产主义奋斗终身，随时准备为党和人民牺牲一切，永不叛党。”可见理想信念教育对于新时期加强和改进党员教育工作至关重要。加强党的理想信念教育是各级领导干部把握时代主题的必然要求，是做好本职工作的思想前提，是每个共产党员保持纯洁性最本质的体现。只有坚信中国共产党的领导、坚信党的方针政策的正确性、发挥好党的优良传统和政治优势，才能在本职工作中发挥好共产党员的模范作用。同时，树立崇高的理想信念是保持共产党员先进性的根本前提。在新时期，共产党员只有牢固树立共产主义的理想信念，才能发挥党员的先锋模范作用，为改革开放和社会主义现代化建设作出自己的贡献。新时期加强党员的理想信念教育工作，就要创新管理机制，不断丰富教育形式。因为自改革开放以来，随着社会经济的发展、人民生活水平的提高，人们的观念出现了新的变化，各种社会思潮大量涌入中国。这些对党员理想信念提出了新的挑战，仅仅简单地继承和套用以往党员理想信念教育的方式，单纯依靠内部纪律和行政权力管理的模式，很难取得满意的效果。因此，必须从现实的社会状况和人们的思想实际出发，更加充分地发扬民主、深化改革，更加严格依法治国、严惩腐败，更多地依靠制度的力量、监督的力量、信仰的力量来保持我们党的先进性和党员队伍的纯洁性。

新形势下加强和改进党员教育工作，就必须做好马克思主义的学习工作。共产党员应该是坚定的马克思主义者，马克思主义者应该真懂、真信、真用马克思主义。所谓真懂，就是真正能够理解马克思主义的思想、方法和观点。所谓真信，就是真正信仰马克思主义，相信马克思主义是揭示了人类社会发展的本质和规律，是科学的世界观和方法论，是无产阶级及其政党认识世界和改造世界的精神武器。所谓真用，是能够运用马克思主义的立场、观点和方法来解决实际工作中的问题，能够站在人民群众的立场来思考问题、解决问题。因此，在新形势下，我们更不能忽视对马克思主义的学习。胡锦涛同志指出："按照建设学习型政党的要求，在全党开展深入学习实践科学发展观活动，坚持用发展着的马克思主义指导客观世界和主观世界的改造，进一步把握共产党执政规律、社会主义建设规律、人类社会发展规律，提高运用科学理论分析和解决实际问题能力。"要学习和掌握马克思主义的基本原理、观点和方法，学习马克思主义中国化的最新理论成果。始终把学习马克思主义理论放在各种学习的中心位置。只有学好了理论，才能做到真懂、真信、真用马克思主义，才能做好人民的主心骨。伟大导师恩格斯指出："一个民族想要站在科学的最高峰，就一刻也不能没有理论思维。"胡锦涛同志也多次强调，全党特别是党的中高级领导干部要认真学习马克思主义哲学，学习辩证唯物主义和历史唯物主义。

只有建立和健全党员教育的奖惩机制，在新形势下党员教育工作才能落到实处，才能出好的成绩。要围绕学习态度、学习效果、运用学习的内容来解决实际问题几个方面对党员进行考核。把党员的教育和党员的管理结合起来，把表现突出的党员筛选出来予以表彰。应该将实际工作开展好的党员树立为典型，这种典型要得到广大基层群众和党员的认可。这样就会调动党员教育工作的积极性和主动性，从而带动更多的党员干部坚定为人民服务的根本宗旨。同时，也要从党员本身自然人的这个角度出发，强化奖惩机制。强化奖惩机制必然会使党员教育达到最佳的效果。要对那些在关键时刻能冲在第一线的人予以表彰奖励。要知道，在关键时刻的表现是人性最真实的表露，也是考验共产党员的最佳时机，关键时刻冲在最前面的共产党员一定是理想信念最为坚定的人，这些都应该成为奖惩衡量的标准。

同时，也要加强党员的惩罚性管理。对个别违反纪律和以权谋私的党员应该给予组织处理，这样才能调动党员教育工作的积极性。马克思指出："思想一旦离开利益，就会使自己出丑。"同时，也要把好党员的入口关和出口关。这里的入口即入党的标准，不能因为要扩大党组织的影响而让党内出现鱼龙混杂的情况，要按照党章的要求考核每一名积极分子，严格入党程序，这样才能使党内纯净，才能使干部群众对党更有信心。开除不合格党员是对党员最严厉的惩罚。要按照党章的要求完善退党的机制，把党内那些不符合党员标准的党员清除出党，保持党的纯洁性。

第六章　创新社会治理体制　充分发挥政府主导作用

中共十八届三中全会提出，要“创新社会治理体制”与“改进社会治理方式”，实现国家治理体系与治理能力现代化。社会治理是一个庞大的系统工程，依赖社会各方面的积极参与，要求多元社会主体动态优化、良性互动，形成各司其职、优势互补、合作共治的宏大格局。其中，政府的主导性作用尤为重要。

一、政府作用与社会治理关系

政府与社会是现代社会治理中非常重要的两个组成部分，但两个治理体系之间又有明显区别。政府作为一个官僚组织，是一种自上而下的、纵向的治理体系，主要体现为一种纵向的权力安排，而社会治理体系依赖于横向的各社会成员间的交换、协商和谈判；在治理过程的信息传递中，政府依赖于自上而下的信息传递，而这种信息具有高度不对称性，虽然社会治理体系依然存在信息不对称问题，但网络化的多种特性可以减轻这一问题。由此可见，政府与社会治理的关系是一种伙伴关系与合作治理。

（一）发挥政府主导作用是创新社会治理体制的必然要求

创新社会治理体制是在市场经济浪潮大背景下引发的一场深刻的社会变革，是实现社会稳定、有序、充满活力的动态格局。无论社会处于哪个时代，政府对于社会领域仍然具有领导、管理和调节社会矛盾的职责，这是人类社会发展的普遍规律。一个社会治理得如何，在很大程度上取决于政府社会治理职能是否得到有效发挥。在我国，在共产党的领导下，政府拥有强大的社会治理能力，社会发展框架的设定、发展内容的规划以及发展支撑资源的供给都与政府社会职能密不可分。即使在一些西方发达国家，政府在社会领域的建设也作了全方位的渗透。

我国现在正处于由工业时代向后工业时代转变的转型期，社会结构深刻变革，利益主体多元化，利益格局重新调整，社会矛盾高发频发。因此，我们党始终坚持“以民为本”“以人为本”，把民生工作和社会治理工作作为社会建设的两大根本任务。由此，政府在履行社会管理职责方面必须实现良性转变，逐渐由统治型政府、管理型政府向服务型政府转变，由大政府向小政府转变，逐步向地方放权，激发地方的积极性、主动性和创造性。社会治理创新是党的治国理政的重要理念之一，对社会建设提出的基本要求，是确保社会既充满活力，又和谐有序的必然要求，也是实现国家治理体系和治理能力现代化的重要环节。因此，社会治理创新的主要任务就是保障和改善民生，促进社会公平正义，增强社会发展的活力，促进社会和谐稳定，为了能顺利实现这一宏伟目标，必须充分发挥政府的主导作用，转变政府职能，推广政府购买服务，并发挥法治的作用，为社会治理建设保驾护航。

（二）发挥政府的主导作用是创新社会治理体制的内在前提

首先，当前社会治理和政府任务的日趋繁重与政府社会管理职能的重叠、缺失使社会治理与政府的良性互动呈现出二元矛盾，是社会快速发展受到制约的“瓶颈”。我国社会组织发育仍不成熟，不具备解决诸多社会问题的相关能力，这显示了强有力的政府在维护社会安定有序中的主导作用是必不可少的。当前我国社会组织存在发育不足与规范不够的双重问题，且许多社会组织具有明显的行政化倾向，社会组织的发展在很大程度上依赖于政府职能的转变、权力下放和资金支持，完全脱离政府明显不符合社会实际情况。要正确处理政府和社会组织的关系，加快实施政社分开，推进社会组织明确权责、依法自治、发挥作用。

其次，当面临市场经济迅速发展带来的诸多问题时，社会治理出现了被动、滞后、缺乏系统性和时效性等问题，这也使创新社会治理体制被提上党中央和政府议事日程的重要原因。《决定》指出，改进社会治理方式要坚持系统治理，加强党委领导，发挥政府主导作用，实现政府治理和社会自我调节、居民自治良性互动。社会治理是政府的基本职能，政府不能越位、错位、缺位。在多元主体参与治理过程中，政府主要职能在于激发社会组织活力，搭建公共平台，鼓励和支持社会各方面参与，实现政府与社会的良性互动。

因此，推进社会治理体制创新，必须充分发挥政府的主导作用。只有通过政府自身治理职能、运作模式和运作机制的改革完善，将社会成员的行为张力保持在可控限度内，才能维护社会的安定有序，推进社会治理现代化。

二、基层社会治理中政府工作的不足

改革开放30多年来，由于社会结构的深刻变革和利益主体的多元分化，我国社会结构正逐步由“总体性社会”演变成一种原子化的“多元化社会”，“单位人”逐步向“社会人”转变，阶层结构方面呈现出了一定的“分化”与“断裂”现象。改革开放进程虽然极大地消解了中国“总体性社会”的结构性特征，使国家对全部社会资源的总体支配方式逐渐被打破，但当前政府在基层社会治理创新的实践中，战略性思维不足，“服务型”理念欠缺，政府转变职能不到位，与社会多元主体协同合作的能力有待进一步提高。

（一）政府在基层社会治理中的战略思维不足，影响政府主导作用的有效发挥

从当前政府在基层社会治理创新的实践过程来看，基层政府不仅能为解决社会问题出谋划策，而且还直接提供社会公共服务。政府“以需求为本”的传统思维定式、服务意识有其历史延续性，换句话说，就是通过行政计划和职能安排使社会生活有序稳定；“强政府、弱社会”的政治环境使地方政府容易产生无意识现象，即倾向于通过职能扩张的方式来解决社会问题。这主要由于“总体性社会”的逐步消解，即“单位制”社会解体导致社会成员对组织的依附关系的日趋松散，基层社会出现了由“单位人”向“社会人”或“自由人”的极速转变；与此同时，导致基层民众在公共服务需求方面也出现了由“均质化”或“同质化”向差异性和多元化转变。又如政府在基层社会治理创新过程中全局性理性思维缺失，出现了职能的非理性、片面看待问题的现象。地方政府希望通过职能的扩张来处理基层社会中不断出现的新问题、难点问题或者解决基层服务工作中某些不足之处，以实现对基层社会秩序的有效管控；又如基层社会中的居民对政府公共供给需求的需求扩张性，导致政府陷入事无巨细的繁枝末节性的基层社会事务之中。

（二）政府在基层社会治理中的“服务型”理念不足，影响政府职能的有效转变

当前政府在基层社会治理中仍存有把社会组织看成一个附属机构或下层单位的传统观念，没有正确地认识到在群众利益日趋分化、利益主体多元化的新时期，广大社会民众在基层社会治理中的重要性，只采用一方面的力量远远不能满足社会各方面的利益和需求，没有做到与多元

社会力量共同进行社会治理，满足广大社会民众的多元需求。政府在基层社会治理中“服务性”理念不足，制约着行政文化中的“人民公仆”意识，仍然以“官老爷”自居。同时，忽视了社会多元主体的协同合作，这同时也导致政府在基层社会治理中只注重政府的服务，忽视社会力量的协同参与、重视政府服务资源的投入而忽视服务效能的提升，导致政府在基层社会治理中的压力和成本急剧上升。政府治理理念变化应适应政府职能的转变，与政府职能相辅相成。政府作为社会治理的主体，要强化服务职能，加快有限型政府向服务型政府建设的转变，要树立“以人为本，服务为先”的理念，中央强调“寓管理于服务之中”，即在管理中体现服务，在服务中实施管理。

（三）政府在基层社会治理中的创新机制欠缺，制约政府的主导力

目前中国行政系统仍然存在着“条块”之间的权力交错难题，以至于我国的行政管理体制依然处于“收死放乱”的复杂矛盾中。在基层地方政府社会治理机制方面，“条块”关系问题主要是指民政、公安、保障等属于“条”上的职能和专业治理机构与区、县、镇 层级政府及街道办事处等属于“块”的综合性治理 组织之间，由于职能交叉重叠所导致的低效问题。其弊端表现为：每个部门都存在多头管理现象，受到多重制约，产生执行的多重意志，从而极大地削弱其治理和服务效能；会形成所谓“部门主义的制度化权利”而导致治理上的“庇护主义”，不仅使治理产生协调困难，而且也大大地增加了治理的制度费用。

同时，政府在基层社会治理中的制度、机制的不合理制约了政府的主导作用的发挥。没有形成政府服务群众、服务社会、服务发展的多元网络，制定相关制度或政策，没有收集和报送社情民意，提供群众参与建设的平台，汇集群众的意见和建议，从多角度、多方面参与地方建设，使其参与到服务民生的国家大计中来，没有及时形成建设性提案并

转交办理机关，导致处理进度和反馈落实办理结果失去时效性，没有切实解决民生关注的热点问题。

三、充分发挥政府主导作用的思路与措施

随着社会发展和改革开放进程带来的民众的政治意识的苏醒和不断高涨，传统的社会管理理念已不能顺应历史的发展趋势，社会治理理念呼之欲出，预示着政府管理理念发生了重大转变，体现了政府和社会的主客体地位平等、协商合作、良性互动的发展方向。

（一）加强政府在基层社会治理中的战略思维

战略思维是指在整个社会生活中，那些事关全局、具有根本意义或长远意义的重大问题的决策或方略。就其广义而言，则是指研究全局性、长远性和根本性认识规律的思维方式，是人们分析和解决宏观性、前瞻性、政策性等重大战略问题的思维方法和立足点。

1. 注重全局思维，全面推进政府在社会治理中的地位和作用

全局思维，需要整体性、多向性、动态性等思维方式的有机统一，注重各组成要素之间的有机联系、相互作用，从根本上说就是正确处理各个局部之间的关系。毛泽东说："懂得了全局性的东西，就更会使用局部的东西，因为局部性的东西是隶属于全局的东西的。"只有树立全局意识，增强全局观，了解政府在社会治理中的地位和作用才能站在自觉的高度服从和服务于大局，全面建设中国特色社会主义事业。作为分工明确、组织严密、制度完善、纪律严明的政府，拥有丰富的执政资源，对传达利益、聚集利益、表达诉求、推动政治社会化具有强劲的整体优势，是沟通国家与社会的桥梁。因此，基层政府在社会治理中应具有全局意识，不断提高党员的理论素养、服务能力和执政能力，用科学理论、世界眼光、认识规律、创新精神进行全面武装。首先要把握重

点。社会治理是一项系统工程，要注意把握好全局，整体、协调推进，不要顾此失彼，或者以偏概全。荀子说："主好要则百事详，主好详则百事荒""故明主好要，而暗主好详"。其意就是首先要将重点作为全局工作的先导，其次要遵循统筹兼顾的原则。其强调在突出重点的基础上，统筹兼顾各个方面。毛泽东将此比作"弹钢琴"，"弹钢琴要十个指头都动作，不能有的动，有的不动"。因此，政府在基层社会治理中必须以经济建设为中心，正确处理发展与稳定，经济、社会、政治、文化与生态，城乡与区域等各类关系等。

2. 注重创造思维，开拓创新，推进政府在基层社会治理中的建设

如今世情、国情、党情发生了深刻变化，以改革创新精神加强政府在社会治理中的建设迫在眉睫。推进政府在社会治理中的积极作为就是要通过有效的理论、组织、人才机制保障，使各级政府善于突破常规，求新求异，创造新思想、新知识和新经验，能够熟练地将马克思主义的世界观和方法论用于联系群众、服务群众的实践中，将广大人民群众的利益诉求、实践经验体现为国家的法律法规。首先，就要用好解放思想这一重要法宝。邓小平说过："我们讲解放思想，是指在马克思主义指导下打破习惯势力和主观偏见的束缚，研究新情况，解决新问题。""解放思想，就是使思想和实际相符合，使主观与客观相符合。就是实事求是。"以改革创新精神推进服务型执政党的建设必须解放思想。其次，从根本上树立为民谋利的理念。在现代社会，政府作为国家和社会沟通的桥梁，必然是各种社会利益的代表。各级政府只有充分代表社会利益，获得各利益主体的广泛支持，才能在政治舞台上立于不败之地。

3. 注重自觉思维，积极主动地推进政府在社会治理中的建设

随着我国经济转型进程的日益深入，经济迅猛发展、社会转轨，深刻地改变了我国的社会结构，不同个人、行业与部门、地域间的利益分化，使社会矛盾日益凸显，严重威胁整个社会的正常运行。因此，亟须注重自觉思维，牢固树立公仆意识，摆正服务型政府与群众的关系，积极主动地推进政府与社会的良性互动的格局。这就需要将政务公开、公民参与、公民主导以及服务型政府相结合。

以政务公开为切入点，从服务型政府入手，逐步扩大公民的知情权，吸引公民参与公共事务和社会事务，不断形成公民的公共意识，实现上下互动的良性格局。在这一过程中，可以通过政党赋权使公民个体成为有能力的行动者，促进公民社会逐步发展并成熟。同时，可借助互联网沟通，将单一的公民个体联结起来，形成纵横交错的行动网络，以在更大的范围内促成公民社会的成长、成熟。通过汇集每个公民对政府、当前社会问题的观点、建议，形成一个平等对话的沟通模式。这就为政府与社会的双向合作创设了有利条件，一方面扩大了政府接纳社会意志和社会力量的弹性空间，另一方面增强了政府了解民情、吸纳民力、为民服务的正确导向。

（二）培养政府“服务型”治理理念，加快政府职能转变

思想是行动的先导，理念则是制度的先导，只有解决制度的理念问题，制度才能被提上议事日程。转变政府治理理念，就应转变把社会组织看成一个附属机构或下层单位的传统观念，政府应清醒地意识到在公民利益日趋分化、利益主体多元化的新时期，只采用一方面的力量远远不能满足社会各方面的利益和需求，应吸纳更多的社会力量共同进行社会治理，满足广大社会民众的多元需求。政府要承认社会组织的主体地位，与社会组织建立相辅相成、良性互补的互惠关系，逐步建立健全和完善政策支持，为政府与社会合作治理营造有利的外部环境。

1. 政府在基层社会治理中应践行“服务性”理念，在行政文化中增强“人民公仆”意识

政府治理理念变化应适应政府职能的转变，与政府职能相辅相成。政府作为社会治理的主体，要强化服务职能，加快有限型政府向服务型

政府建设的转变，要树立起“以人为本，服务为先”的理念，中央强调“寓管理于服务之中”，即在管理中体现服务，在服务中实施管理。因此，政府应将服务作为自身合法性和社会治理绩效的内在意蕴，以“服务”来赢得先机，塑造可持续提升的基层政府形象。例如民生方面，在教育、就业、医疗、社会保障问题上，政府只有真正做到利为民所谋，才能得到老百姓的支持，实现“安定有序”的目标，增强政府合法性基础。

2. 政府应植入并加强“公共性”理念

在行政文化方面增强“公共利益代表”意识，并非以“土皇帝”“官老爷”“我就是法”等传统行政官僚自居。行政服务人员只有真正明确自身的角色意识，即“公共服务的供给者”“公共利益的维护和实现者”“公共事务的协调和处理者”等，承担相应的公共责任和义务，才能正确地认识并运用此角色意识来增强政府与社会、行政工作者与老百姓之间的关系，在日常行政实践中尊重群众意愿、关心群众利益、维护群众权利。基层政府只有将自己定位于“公民服务者”的角色，为公民提供信息、咨询、帮助和保护，通过这一系列公共服务措施及“以民为本、为民服务”的人性化管理方式的应用，逐步赢得广大人民群众对政府公共合法性的认同，支持政府的各方面工作。

同时，“服务型政府”理论和实践在新时期已得到充分的运用和探索，它本身所蕴含和体现的内在价值就源于政府的“服务性”职能。这一职能的建设和加强是我国政府体制改革的必由之路，在引导我国政府在基层社会治理中重视和加强“服务性”和“公共性”具有非常重要的意义，为群众提供更多更优质的公共服务，得到群众的信任和支持。可以增强基层政治合法性基础，并为诸多社会问题的解决营造宽容、理解和互动的外部环境。

3. 政府在基层治理中应加强“多元包容性”意识，促进社会治理主体的多元化

随着社会流动、大众传媒及信息技术的发展，使得政府的传统集权式权威得到逐步消解，依赖信息“排他性”的社会资源垄断所导致的支配性控制力已经逐渐被众多社会成员所分享。公共参与已经成为一种历史趋势和社会必然结果，基层政府面临的是广大人民群众日益增长的利益意识、维权意识及政治参与能力的不断提升，在这种政治和社会生态下，基层政府已经不能单纯依靠传统的“控制”和“信息垄断”来维护其权威地位。只有适应社会发展趋势，在社会系统和信息开放性的背景下，调整政府自身的传统意识，适应这种开放性社会，增强“多元包容意识”才能获得新的政府信用。

同时，社会民众通过公共参与可以实现权力的双向流动，克服传统意义上权力自上而下的单向流动，从而可以使群众的意愿、权利诉求得到倾听、收集和反映，并最终实现“民意”的表达；基层政府也可以通过广大人民群众的公共参与，让群众了解相关的行政管理信息和基层政府的工作和政策，从而获得更多的认同和支持，这有利于加强基层政府的公信力和行政成本的降低，增强政府的公共效能感。

（三）发挥政府在社会治理中的主导作用，创新社会治理体制

创新社会治理体制不仅是尊重社会运行规律的观念维护和表达，也是对相应社会秩序的价值判断。政府必须聚焦深层次体制性问题，注重体制设计和规范，分层级、分阶段地设置创新社会治理体制的目标方向，有计划、有步骤、有重点地推进社会治理体制创新向纵深发展，对传统的社会管理理念、方法、体制作实事求是、因地制宜的变革，建立覆盖全方位和全过程的多支点、多层面的社会治理体制。

1. 推进社会治理体制创新和各单项改革

多维出发，将社会治理体制创新与打造服务型政府、职能转变、服务下沉相结合，从“消极反应型”社会管理向“积极预防型”社会治理转变，把“安全生产、城市管理、社会治安、信访稳定”等相应的社会治理要素纳入社会治理体制改革的总框架通盘考虑，实现社会治理体制创新与各单项改革的整体推进。要以网格化管理为抓手，健全扁平式工作体制，在纵向上体现出层级联动，在横向上注重基层基础作用，对多元治理主体力量充分整合，全面排查应急响应事项以及影响社会安定有序的因素。要着眼于社会治理方法创新，注重共享共治逻辑，切实处理好“维稳”和“维权”的关系，以畅通群众诉求利益表达渠道为着眼点，统筹建立健全利益协调机制、诉求表达机制、矛盾调处机制、权益保障机制、公共安全机制。巩固和发展创新成果，切实解决影响社会和谐的社会治理体制性、机制性、障碍性问题，使政府维护社会安定有序的能力显著提高，人民群众的安全感和满意度显著增强。

2. 发挥政府在社会治理中的主导作用，主体创新是重点

在现代社会治理中，多元主体之间良性互动，各司其职、优势互补，最终形成政府与社会携手创造安定有序、充满活力的合作共治模式。社会力量能否在社会治理中发挥作用，不仅仅取决于政府对其的承认，更取决于社会力量是否承载了国家赋予的权利以及参与治理的责任与能力。鉴于社会组织化程度低和社会的自我生长时间的长效性，政府肩负起培育社会组织的责任也就成为必然。为此，理顺政社关系，优化社会治理主体格局，培育和发展社会自治和自我管理能力，不断扩大社会自治和自我管理的社会空间，是政府主导推动社会治理体系现代化的重要环节。政府不仅要提高社会力量参与社会治理的力度，更要加强对社会力量的监管力度，进一步加强基层自治组织的建设与管理。应重点以“政府放权”和“社会自治”为引擎，提升能力与发挥作用并举，发挥社区及各类社会组织等社会力量广泛动员社会资本的优势和提供多类型公共物品的能力，以及在政府与社会、政府与个人、群众与企业之间建立桥梁纽带的作用。

3. 统筹制度建设，构建多元服务的有效制度

为建立政府服务群众、服务社会、服务发展的多元网络，以工作领域划片成立专项服务小组，在各级政府设立服务点，让政府工作者与群众面对面、零接触。首先，建立联系服务群众制度，规定其设立方式、活动内容和管理措施。按照“小型、简便、灵活、实效”的原则开展各种专项服务活动，创新服务方法，明确联系服务群众的对象。其次，可扩大服务对象范围，重点服务老党员、军烈属、复员退伍军人、贫困户、种养殖大户、私营企业主等。再次，开通网上“意见信箱”和“调查专栏”，收集和报送社情民意，及时形成建设性提案并转交办理机关，并跟进处理进度和反馈落实办理结果，切实帮助解决民生关注的热点问题。最后，建立服务管理制度。通过设置举报信箱、公开电话和网络板块的方式，加强对政府工作人员服务群众的监督力度。

4. 统筹机制建设，构建有效服务的长效机制

建立健全服务反馈机制、民众互动监督机制、评价激励机制、社会治理工作物资保障机制，强化政府与群众互动沟通与交流，开展多种讨论和课题调研活动，提供群众参与建设的平台，汇集群众的意见和建议，多角度、多方面参与地方建设，使其参与到服务民生的国家大计中来。

5. 创新服务方式

着力探索基层政府在社会治理中的服务群众网络、搭建服务群众平台、创新服务形式、丰富服务内容，提高服务实效，使服务工作渗透到群众生产生活的方方面面，提高政府在社会治理中服务群众的工作水平。同时，依托现代网络平台，探索建立网络工作室，开展网上互动，实现联系服务全天候；开设相关网上论坛、微博、QQ 群等平台，推进各级政府与群众之间的沟通交流，开展特色服务。

（四）提高政府在基层社会治理中的能力需求，统筹协调，推进社会治理创新

1. 提高政府的社会治理主导能力

应充分发挥政府在社会治理中的引导和统筹作用。本应由政府负责的，一定要管好，不能缺位、错位；不该政府管的，绝不能大包大揽，一味建设“全能政府”，而应真正向服务型政府转变，把工作重心放在基层社会治理上。通过了解群众各方需求，精准施策，重点解决好人民群众最关心、最直接的利益诉求，落实政府社会治理维护最广大人民根本利益的目标。同时，应发挥党委领导核心作用、政府主导作用、社会参与作用，形成社会治理多元主体的整体合力。

2. 提高政府与社会多元主体合作能力

在基层社会治理中，政府并不是唯一主体，其他社会组织或团体也须承担社会治理责任，维护社会秩序，参与社会事务。也即社会治理是政府与社会多元主体共同合作参与的协同治理过程，政府应引导和促进多元主体在社会治理中各负其责、有效合作，并通过法律和政策等手段，鼓励和支持各社会主体参与社会治理，实现政府治理和社会自我调节与良性互动。

3. 提高政府在基层社会治理中的有效预防和化解社会诸多矛盾的能力

坚持以人为本，高度关注民生，重点解决广大社会民众关心的问题；坚持预防为主、调解优先，综合运用多种调解手段，形成科学有效的诉求表达机制、矛盾调处机制、利益协调机制、权益保障机制，确保群众的合理诉求及时得到解决；建立健全重大决策社会稳定风险评估机制，凡是涉及群众利益的重大决策、项目、工程等都应广泛听取民意，

充分解决社会成员的利益和诉求。

4. 提高政府在基层社会治理中的公共安全能力

提高政府在基层社会治理中的公共安全能力是在国际国内背景下深化改革、促进发展的必然要求。各级政府应高度重视社会公共安全问题的预防、预警、反应和处置等方面能力，建立健全社会治安、食品安全、网络安全、安全生产以及防灾减灾等领域公共安全体系和突发公共事件应急体系；科学、明确地定位各级政府及有关部门的基本公共安全职能，为民众提供安全舒适的生活环境；通过制度和政策安排有效提升公民安全意识和自我保护能力，推进公共安全管理标准化、规范化，提高公共安全管理技术水平；重视公共安全文化的宣传和教育工作，提高全民公共安全意识和危机应对能力。

第七章　发挥人大作用，有序推进基层参与式治理

人民代表大会制度是我国的根本政治制度，是国家政权的组织形式，是人民掌握国家政权、行使国家权力的根本途径。人大代表是我国国家权力机关的组成人员，肩负着人民的重托，代表人民群众行使国家权力，他们来自人民，又服务人民，是人民群众利益的忠实代表。人大代表具有广泛性和代表性的这种天然属性使其在参与社会治理中具有独特的不可替代的政治优势。充分发挥地方人大在社会治理能力建设中的重要作用，既是推进社会治理创新的重要动力，也是提升人大履职能力的重要途径。

一、人大履职与社会治理的关系

（一）人大参与社会治理，是创新社会治理的重要方式

社会治理是一项覆盖范围广泛的综合性工作。特别是随着经济体制、社会结构、利益格局以及人们思想观念的深刻变化，社会治理与经济社会发展不相适应的矛盾和问题日益突出，增加了社会治理的难度和复杂性。社会治理的复杂性决定了单靠一个机构、部门或主体难以完成该项工作，人大应当利用自身职权积极参与社会治理，承担应有职能，

推进社会善治。中共十八届三中全会提出，“改进社会治理方式。坚持系统治理，加强党委领导，发挥政府主导作用，鼓励和支持社会各方面参与，实现政府治理和社会自我调节、居民自治良性互动”。这一论述突出了社会治理的综合性，强调了形成全社会协同互动的工作机制。人大是人民当家做主的权力机关和决议机关，社会治理创新也是人大机关的工作范围和题中之意，地方人大及其常委会应当成为社会治理创新的推动力。

一方面，地方政府关于社会治理的战略部署需要人大把脉。近年来，各级地方政府一直在全面推进社会治理创新工作。创新工作的展开，直接决定着地方财政支出的投向、民生实事的解决以及社会事业的发展，关系到地方老百姓的切身利益。在决定和开展这些创新工程中，地方人大可以充分发挥审议、决定权力，努力实现好、维护好、发展好人民群众的根本利益，为加强和创新社会治理打牢群众基础。同时社会治理工作所要解决的是人民群众最关心、最直接、最现实的就业、医疗、教育、住房等利益问题。由于这些问题覆盖面广，单靠政府监督难免会出现漏洞和空白。地方人大从维护人民群众的切身利益出发，按照法定职权开展视察督办，有助于上述社会治理工作的贯彻实施。地方人大还可以组织代表视察政府年度惠民计划的执行情况，推进公园建设、就业和再就业、残疾人服务保障、养老服务等民生项目落实。上述工作的开展不仅充分行使了人大自身的职权，还帮助地方政府进行重大民生工程的监督落实。

另一方面，地方社会稳定的严峻形势需要人大介入。近年来，伴随地方上城市更新改造的步伐加快，以及各地市政工程的展开，社会矛盾和稳定压力也不断凸显。地方人大作为民意代表机关，充分利用扎根基层、来源社会的优势，以及代表职业构成多元化的优势，担当不同利益沟通、协商和谈判的平台。人大代表应认真分析研究、归纳整理选民提出的事关社会稳定工作的意见和要求，依法行使民主权利，积极反映民意，提出化解社会矛盾、维护社会稳定的对策和建议，做到下情及时上达，让政府及时了解社会动态，未雨绸缪，钝化社会矛盾。同时，地方人大还可以为相关利益群体提供表达的渠道和机会，倾听弱势群体的利益诉求，掌握社会矛盾的变化动态，把畅通信访渠道与做好息诉息访工作有机结合起来，为加强和创新社会治理夯实民心基础。

（二）人大参与社会治理，是拓展人大履职空间的重要渠道

中共十八届三中全会提出，“健全‘一府两院’由人大产生、对人大负责、受人大监督制度。健全人大讨论、决定重大事项制度，各级政府重大决策出台前向本级人大报告”。人大参与社会治理应充分运用其重大事项决定权，以推进社会治理科学发展。同时，加强对“一府两院”的监督，使社会治理真正实现为民、利民、惠民。一方面，人大具有重大事项决定权，有助于推进社会治理创新规划。根据《组织法》和《监督法》的规定，各级人大有权制定地方性法规，决定重大事项，同时监督“一府两院”工作，任免国家机关工作人员。人大虽然不直接参与具体社会治理事务，但是却担负着宏观管理职责。人大对于事关地方改革、发展、稳定的重大问题，涉及民生的重大项目，以及涉及社会和谐稳定的改革创新举措等具有决定权。通过履行重大事项决定权，更能切合实际发现问题，提出问题，有针对性地提出解决问题的意见建议，解决制约社会治理的一些因素，推进社会治理创新发展。

另一方面，人大具有“一府两院”监督权，有助于督促社会治理创新举措落实。根据《监督法》和《代表法》的规定，各级人大可以通过专项审议、视察调研、询问质询等方式，就关系改革发展稳定大局和群众切身利益、社会普遍关注的重大问题进行监督。由于政府把更多的精力和注意力放在缓解财政压力、做大财政总量上，对于社会治理工作，可能因为精力有限或由于社会治理需要投入大量的人力、物力和财力，

政府热情不一定很高，或者是被动应付。因此，在大力推进地方社会治理创新的过程中，需要人大通过专项调研、执法检查、代表视察等形式进行督促，推动各项社会治理创新工作措施的具体落实。

(三) 人大参与社会治理，是推进人大工作创新的重要路径

人民代表大会制度是我国的根本政治制度，而人大作为权力机关在社会治理中所起的作用有待进一步加强。参与社会治理，既是人大职责所在，又是推进人大工作创新的重要突破。一方面，参与社会治理有助于进一步探索人大代表联系群众的具体机制。人大代表是建立在群众信任基础之上的，在人民群众中享有崇高的权威性，有较强的社会影响力和号召力。地方人大代表参与社会治理，能够充分发挥他们与广大群众密切接触、联系广泛的优势，深入群众中去，体察民情，了解民意，把群众的所想、所急、所盼，通过议案建议和审议发言等形式积极反映，为各级党委、人大和政府的科学决策提供参谋和依据。另一方面，参与社会治理也有助于进一步扩大地方人大建言献策的民主渠道。人大代表是广大选民依据法定程序选举产生的，由来自社会各领域的优秀人才和先进人物组成。这一代表的构成极大地提升了地方人大作为决策智囊的地位。地方人大代表主要通过专项调研、执法检查、代表视察等形式开展工作，参与社会治理能够增加人大代表建言献策的渠道，加强对社会治理的指导、监督。

二、人大参与社会治理的困境与障碍

当前，各级人大在创新社会治理方面进行了一些有益的探索，比如在社区设立人大代表联络工作站或者工作室，开展人大代表票决政府民生工程，进行人大代表经常性的视察调查等。但是，在社会治理中，人大制度的优越性和人大代表的积极性、责任感还有较大的提升空间。通

过对涪陵区人大参与社会治理的实证调研发现，人大代表存在代表履职能力、履职意愿的差异，部分代表在能力和意愿上有待加强。对于人大代表提出的议案来说，个别承办部门对议案办理工作不重视，建议办理的问责机制未能健全。对于已有的人大代表联系群众的社会治理平台来说，也存在运转不畅，联络工作虚置化等一系列问题。

（一）代表履职意识有待加强，参与主体相对单一

代表素质参差不齐导致履职能力的差异。履职能力是代表发挥作用的条件和基础。由于人大代表来自各个不同的岗位，其知识水平和工作经历各不相同，导致各自能力和水平存在较大差别。在政治生活中，部分代表有履行人大代表职责的热情和愿望，但是由于自身素质和能力的约束，对全局工作动态把握不深不透，缺乏执行代表职务的能力，就事论事，代言不到位，议政不充分；抓不住问题的实质，表达不出自己的见解和观点，提不出建设性的意见和建议。

代表职业构成的差异形成履职意愿的差异。实证调查发现，不少代表本身对代表的性质、地位和作用知之甚少，认识不足。一些大企业的老总和业界精英，平时公务繁忙，没时间和精力履行代表职责，参与人大闭会期间活动很少。有些代表缺乏大局观念和整体意识，所提建议往往从局部利益出发，争资金、争项目。一些党政干部代表，在思想上缺乏主动履职的内在动力，错误地认为人大代表是一种荣誉，没有从根本上认识到选民对代表的期望和法律赋予代表的权力、责任和义务。

（二）部分代表议案办理不力，政府回应形式化

笔者在调研中发现，个别承办部门对办理工作重视不够，存在“文来文往”“重答复、轻落实”现象。一些政府部门对于人大代表所反映的热点难点问题存在消极应付的状况。他们既不主动走访代表了解情况、想办法出主意，还以客观条件不具备为由简单应付，一推了之；少数承办单位承诺要办的事情不兑现不落实，答复过后就算了事。这一状

况导致人大参与社会治理的成效受到较大影响。

建议办理的问责机制未能构建，缺乏对于政府“刚性”监督手段。一些承办部门更多地办理党委和上级政府所分配的任务，对于人大建议承办事项一推再推。同时，人大对于政府部门承办议案的督查力度还有缺失，对于那些能办不办、能推则推、敷衍塞责的承办单位缺乏必要的制约措施，以致少数部门认为人大督查不过是敲敲边鼓、例行公事，起不到实际作用。

（三）部分社会治理平台运转不畅，联络工作虚置化

近些年来，地方人大及政府建立了一系列的社会治理平台，比如人大代表工作站。作为基层的社会治理创新，人大代表工作站是连接人民、政府和人大的一座桥梁。同时，人大代表联络工作站作为闭会期间人大代表的一种重要活动形式，是人大代表联系群众、为群众排难解纷、在社会治理中发挥职能的一种重要途径。然而一些类似的社区平台面临着运转不畅，联络工作虚置化的问题。在调研中发现，群众反映问题的激情越来越淡，一些走访、接访多的人大代表甚至认为，人大代表发挥的空间作用越来越小。

究其原因，主要在于：一是平台建设与功能定位上存有差距。对代表工作站的定位还不够准确，人大代表工作站是人大代表联系群众的桥梁、人大代表的培训站、社情民意的收集站和人民群众的服务站。然而，不少人大代表对联络工作站的定位停留在信访接待的层面上。多数人大代表不能直接处理问题，而是将群众的信访意见转交有关部门处理，反馈不及时，影响了群众对代表工作站的信任程度，影响了代表工作站整体作用的发挥。从群众的角度来看，反映上来的问题解决不了，多次反映无果，群众就逐渐失去了对人大代表接访活动的信心和热情。此外，部分人大代表联络员能力素质欠缺，也导致联络工作站运行不畅。

二是组织推动与代表动力不足，缺乏张力。人大代表联络工作站对人大代表职能发挥起着重要作用。在实际工作中，联络工作站“受安排”色彩浓厚，缺乏必要的主动性。笔者在调研中发现，人大代表联络工作站开展的代表接访、走访活动，视察调研活动，都是按计划分步骤实施的，人大代表个人很难有自我发挥的空间。除了定期接访活动外，其余时间跟群众接触少。此外，群众日常生活中遇到的问题层出不穷，反映上来的问题常常需要多部门协调解决，处理起来十分棘手。一些未担任领导职务的人大代表，在协调督促相关政府部门处理问题的能力十分有限，进而也影响到人大代表接访选民的效果。

三、创新人大参与社会治理的思路与措施

如何充分发挥人大在基层社会治理能力建设中的重要作用，既是推进社会治理创新的重要动力，也是当前做好人大工作的一项重要课题。上述三个问题是创新人大参与社会治理必须解决的问题，而如何真正实现人大与社会治理的双向互动，值得深究。可从以下几个方面入手：

（一）立足自身优势、积极发挥作用，努力有所为

发挥人大代表联系群众的桥梁纽带作用。“知屋漏者在宇下，知政失者在草野”。人大代表要充分发挥密切联系人民群众的优势，责无旁贷地做好化解社会矛盾、保障人民权益、维护社会稳定的工作。坚持和完善代表联系选民制度，定期、不定期地走访代表和选民，不断密切代表与人民群众的联系，在感情上真正贴近群众，倾听群众呼声，深入了解民情，充分反映民意，广泛集中民智，充分调动群众的积极性、主动性和创造性，引导广大群众增强公民意识，履行公民义务，发挥好参与社会治理的基础作用，努力形成社会治理人人参与、治理成果人人共享的局面。

发挥人大代表在调节社会矛盾纠纷的作用。人大代表与人民群众有着天然的联系，他们更了解、更熟悉所代表的群体，对自己身边的、基层的事情更有发言权，人大代表有持证视察、调查研究、走访选民、约见“一府两院”领导人员、参加人代会和有关会议、提出批评建议意见、参与监督“一府两院”等职权，有较充分的信息渠道和沟通渠道，有参与的物质和法律保障，因此，代表的调解、说服、沟通，特别是与行政机关、司法机关的沟通、协调，可以化解一部分矛盾纠纷尤其是群体性的矛盾纠纷，从而减少信访量。人大代表还可以参与诉讼调解、治安民调、接访走访、群防群治工作，通过建立矛盾纠纷调解机制，理顺群众情绪，钝化社会矛盾，预防事态扩大，把问题解决在基层，把不安全因素化解在萌芽状态。

发挥人大代表的监督促进作用。人大代表要以维护群众合法权益为己任，通过积极参与人大常委会组织的听取情况汇报、视察、调研、工作评议、执法检查等多种方式，切实履行代表职责，督促政府及其工作人员，从关心群众利益入手，从解决群众生产生活中的具体问题入手，从关心弱势群体入手，多做顺民心、解民意的工作，千方百计为群众办实事、办好事、解难事。如在民生、治安、就业、物价等方面，督促有关部门依法处理好涉及人民群众切身利益的突出矛盾和社会影响较大的问题，化解不和谐的各种因素和矛盾，促进社会矛盾和人民内部矛盾问题的解决，维护人民群众的根本利益，维护社会和谐稳定。

（二）试行民生工程票决制，确保社会治理重点方向

近年来，浙江宁波、广东雷州、安徽阜阳、河北保定、山东德州等地地方人大探索了民生工程票决制。开展民生工程票决制，是对创新人大监督职权的重要举措，是慎重决定民生工程投向的有效形式，有助于从根本上强化人大参与社会治理的深度，避免出现“审了白审”“议了白议”“说了白说”的现象；也有助于集中常委会组成人员的意志，落

实好人大常委会“集体行使监督职权”。做好民生工程票决制，需要把握好如下一些关键环节：

首先，做好票决前调研工作。为了增强票决的科学性和有效性，地方政府应当在人代会召开前一个月，将票决的民生工程、实事项目和决策部署提交人大；由人大常委会围绕相关议题召集代表开展走访、视察、问卷调研，或者通过网络征集群众建议意见，收集信息资料以备票决参考。

其次，实行差额票决制。对于地方政府确定的年度民生实事项目实行 10%～20%的差额票决制。根据人大前期视察调研情况，往年工程绩效评估情况，以及主管单位现场汇报答辩情况，对民生实事项目进行差额表决（差额比例控制在 10%～20%）。表决票设三个层次，即满意、基本满意、不满意。表决结果由会议主持人当场公布。满意和基本满意票合计超过组成人员 2/3 的为通过，未超过 2/3 或不满意票数超过 1/2 的为未通过。设立秘密写票处，组织代表在秘密写票处写票，确保准确反映代表意志。表决现场邀请公民旁听和媒体列席，提高票决制的透明性和公信度。

再次，做好票决后全过程监督。地方人大常委会组织代表，根据项目计划书跟踪每项民生实事项目的落实进展情况；组织代表在年中开展集中视察，听取责任部门的情况汇报，实地查看了解工程进展情况，提出加强和改进工作的意见建议，监督、支持政府做好有关工作；工程完工后，组织代表进行工程验收，并根据年初的计划书情况对工程完成的质量、时效等进行评估。

最后，建立票决评优制。在翌年地方人代会上，人大对于这些民生实事项目开展情况进行票决，评选出 5%～10%的优秀工程项目，予以配套表彰奖励。对于未能通过半数的民生实事项目，要进行部门一把手问责以及项目资金回收等，以强化人大监督的实效。

（三）完善代表视察分组制，确保代表履职经常化

我国《代表法》第二十条、第二十八条对代表小组的组成原则作出了明确规定："县级以上的各级人民代表大会代表，在本级或者下级人民代表大会常务委员会协助下，可以按照便于组织和开展活动的原则组成代表小组。"为了进一步发挥人大闭会期间的代表作用，完善代表视察调研活动的参与情况，在原有代表分组情况的基础上，应进一步优化人大代表分组制。具体来说，可以实行专业性代表小组分类和开展小组履职和联组调研的方式。

实行专业性代表小组分类。地方人大可以打破区域性代表小组分类办法，试行专业性代表小组制，组建预算审查、文化卫生、教育科技、工业经济、社区治理、城市建设等专业委员会。代表小组构成坚持专业领域相近、人员组合多元的原则，要涵盖官员代表、基层代表、专业人士和地方人大常委会人员等多领域人员。由代表选出小组长，副组长由地方人大常委会人员兼任，协助组长开展统筹协调和代表联络事宜。

开展小组履职和联组调研。地方人大常委会在年初围绕社会治理、民生实事确定调研事项和工作主题，组织各小组围绕重点题目分组分批进行。各代表小组长按照每季度活动不低于3次的原则，精心安排代表小组的视察、调研、督办等活动，每个代表每年参与小组活动不得少于3次。围绕一些重大民生事项和重要督办事项，地方人大常委会可以开展2个乃至多个小组的联合行动，集体形成决议。建立代表小组活动考核制度，制定优秀代表小组评选表彰办法，每年进行检查评比表彰。

（四）强化议案督办责任制，确保社会治理工作有序推进

实行议案督办包干制。人大常委会对于人代会上代表提出的建议、批评和意见，进行梳理归类；将代表反映比较集中、办理难度较大的议题，常委会主任和副主任实行领办包干；由常委会领导全程督办，并在年底向常委会会议汇报督办工作情况。要善于使用"动真格"的监督模

式，树立人大的监督权威，杜绝出现“督而不办，办而不实”的状况。实行承办单位责任制。人大严格按照监督法的规定，要求政府部门对于承办事项实行一把手负责制。部门一把手要了解本部门承办代表建议的数量和内容，随时掌握办理工作进展情况，把好代表建议答复关。政府要将代表建议办理工作纳入机关目标管理，在各个承办部门内部，层层落实责任制，直到将责任具体落实到个人。对于承办不力的政府部门，人大常委会视情况进行专题询问、质询，乃至提出罢免案。

实行过程督办跟踪制。代表议案办理不力、政府回应形式化的问题严重影响群众对人大代表的信任，甚至影响对人大发挥权力机关作用的认同。社会治理工作的有序开展必须加强人大的权威，使人大代表提出、转办的议案得到切实解决。人大要加强前期、中期、后期的督办，前期重点检查政府部门是否把办理代表议案、建议列入重要议事日程，落实议案、建议的承办部门和人员情况。中期要适时听取承办部门的情况汇报，做好跨部门办理的议案和建议的协调工作。后期要对办理的时限和结果进行抽查，对“答复很认真，落实不到位”的承办单位及时予以纠正。

（五）推广人大履职信息化，实现人大群众联系互动化

中共十八届三中全会提出的建立健全网络平台等形式，密切代表同人民群众联系是网络化、信息化时代的必然要求，也是及时、正确解决群众反映的意见、问题的要求。推广人大履职信息化，实现人大群众联系互动化是推动人大与社会治理创新双向互动的应有之义。为此，应该充分利用网站、微博、微信等沟通工具，加强人大代表与群众之间的沟通与理解。

优化人大的网站建设，建设互动性的联系平台。以互动性、即时性和开放性为原则，对人大网站进行改版，修改或增加“议案督办”“申诉投诉”、网上论坛、新闻特写、典型报道、视频直播等板块，打造具

有较强吸引力和广泛影响力的网站。开展网上公示、网上评议和网上直播活动，试行人代会网上直播；推行重大社会治理事项网站公示，方便群众监督评议，并在事后公示群众意见处理情况，形成人大工作与民众之间的良性互动，提升人大工作质量。

设置人大的官方微博、QQ 群和微信群，加强与群众的沟通联络。人大将重要决议、评议议案、监督事项、代表履职以及意见征集等，在微博上实时发布，接受群众的查阅、监督和建议，架设一条零距离、即时化的群众沟通桥梁。设立专门岗位或专门人员负责及时更新微博信息。鼓励人大代表开设个人微博，进行联系选民、社情民意收集以及议案征集等活动。建立人大代表的 QQ 群和微信群，加强人大代表间的网络载体。按照代表小组分组，设立人大代表 QQ 群和微信群，及时向人大代表通报工作动态，征求监督议题等。人大代表也可以随时反馈意见和建议，实现网络在线互动。各代表小组指定专人负责 QQ 群和微信群的维护、讨论报告和预备提出的议案、建议内容，以及意见的汇总。将 QQ 群和微信群建设成一个人大代表交流、沟通、议政的网络载体。

（六）完善平台运行，实现代表联系选民制度化

社会治理创新的持续发展需要对治理机制的制度化，同样，人大参与社会治理也需要实现代表联系选民制度化。对于人大参与的社会治理平台须不断完善。以人大代表工作站这一代表性平台为例，其在代表接访工作、监督代表工作等方面存在改进空间。

规范代表接访工作流程。发挥代表作用、提高履职能力、反映社情民意、推进民主建设是人大代表联络工作站的工作目标。为使人大代表联络工作站规范运行，每站细化上下联动式的工作流程，将社情民意按层次及时分流，按层次努力办理，建立健全涉及选民利益的诉求登记、办理、报告、督办、反馈等工作制度，使选民诉求均能按流程适时承办。进一步发挥代表联络工作站在开展活动、联系群众方面的作用，不

断推进联络工作站的规范化建设。

以人大代表联络工作站为平台，开展代表述职活动。为促进代表更好地履行职责，推广人大代表开展向选民述职活动，规定每位代表届内至少向选区选民述职1次。由社区人大代表联络工作站组织实施，述职代表广泛走访选民、认真撰写述职报告，在述职大会上报告履职情况，开展视察、执法检查、评议、接访情况，接受选民公开评议和民主测评，代表述职活动要组织严密、程序规范。

第八章　创新流动人口管理的体制与机制

推进以人为核心的新型城镇化，关键在于提高城镇人口素质和居民生活质量，它包括原城镇居民和外来人口（流动人口）两个层面。流动人口是经济社会发展的必然产物。在世界各国现代化进程中，都出现了流动人口规模不断扩大的现象，也带来了流动人口的管理问题。可以说，流动人口管理问题是当今世界各国共同面临的全球性突出问题。因此，构建与城市规模相适应的流动人口管理体制机制，也成为推进基层社会治理的核心内容。

一、流动人口的内涵及类型

（一）流动人口的概念

《中国大百科全书社会学卷》中将“流动人口”描述为：暂时离开常住地的迁移人口。广义上的流动人口指那些离开常住户口所在地，在异地行政区停留的人。狭义上专指那些以谋生盈利为目的，自发从事社会经济活动的迁移人口和暂住人口，而不包括在外地作短暂停留的过往人口。一般来说，流动人口特指那些临时性的人口移动。而在目前情况下，通常使用的“流动人口”概念包括了所有没有办理“户口迁移”手续的人口移动，无论这种移动是短暂的还是长期的。从上述定义可以看出，流动人口的界定与我国的户籍管理制度是分不开的。但是，这都不是对“流动人口”的唯一定义，目前，对于流动人口的概念，我国尚无统一的界定。学术研究方向不同、实际部门不同，则结论不一。归纳起来主要有以下几种：

一是从人口地理学角度出发，主要有两种定义：第一种以常住地是否改变为唯一标志，将流动人口定义为暂时离开其常住地而非迁居的各种移动人口；第二种将流动人口看成是人口空间迁移变动的一种特殊形式，亦即认为在一定地理区域内发生短暂流动行为的那部分居民。

二是从经济学角度出发，也有两种定义：第一种以产业结构为依据，将产业结构转变过程中从第一产业中游离出来，却未能进入城市正规部门的劳动力视为流动人口；第二种依据流动人口产生的根本原因来给流动人口下定义，将流动人口理解为不改变常住户口进入某一地区从事社会经济活动的人口。

三是从行政管理角度出发，依据是否具有一地的常住户口来确定流动人口，认为流动人口即在调查地区内滞留但没有常住户口的那部分人口。

另外，我国一些城市对流动人口的定义也不尽相同。1997 年实施的《上海市外来流动人员管理条例》中，把外来流动人口定义为进入本市、无本市常住户籍的外省、自治区、直辖市的人员。苏州市所称的外来流动人员，是指离开常住户口所在地，跨市在本市居住的人员。同时，一些地方把外来人口或农民工称作“流动人口”“新市民”“新居民”等。北京市则把“外来人口”改称“流动人口”。

（二）流动人口的类型

从总体来看，我国目前急剧增加的流动人口主要有两种类型：一类是伴随经济发展而增加的候鸟型流动人口，他们在一个城市滞留的时间一般较短，其流动的方向受城市功能和城市聚集效应的影响，时间和空间分布相对平衡；另一类是迁移型流动人口，他们大多从农村或小城镇进入城市寻找工作和创业机会，这类流动人口的规模大，在城市滞留时间长，流动方向相对集中。根据迁流动因或性质，可把外来流动人口分为劳务型、经营服务型、公务型、文化型和社会型等，其中第一、第二类人口（合称为经济型流动人口）约占总量的3/4。

此外，也有学者从社会安定角度把外来流动人口分为三类：一是"白色群体"，指依法办理手续、已纳入管理视线并能守法的外来人口，这是目前管理体制能管住的人群。二是"黑色人群"，指少数不法分子。三是"灰色人群"，即介于前两者之间，指目前体制难以管住的及游离在体制外的外来人口，包括有工作但因各种原因未能纳入管理视线的人员，以及盲目流入无正当工作、到处流动的"三无"闲散人员。这部分人的特点是流动性大，成分复杂，存在"由灰转黑"的可能，是外来人口管理中的难点。

二、涪陵区流动人口发展概况

流动人口是在工业化、城镇化、现代化快速发展中形成的一个庞大社会群体。近年来，在推进产业结构、增长方式、经济环境、体制机制的转型进程中，流动人口已参与到涪陵区经济社会发展的各个环节，成为不可或缺的重要力量。截至2014年，涪陵区共登记流动人口221600人，流动人口呈大幅增长态势。具体来讲，呈现出以下四个特点。

1. 总量规模扩大化

2010年，全区登记流动人口181000人，2014年已达221600人，年均增长率达到44.86%。流动人口数量逐年增加、规模不断扩大已成趋势。

2. 就业选择多样化

从所从事职业种类来看，流动人口多无固定职业，以务工为主，收入较低。在2014年登记的流动人口中，务工的占67.6%，从事服务行业的占2.55%，经商的占1.39%，其他类的占1.13%。

3. 学历偏低普遍化

涪陵区的流动人口学历技能普遍较低，多为初中学历。其中小学文化程度，占总数的10.77%；初中文化程度，占总数的72.61%；高中文化程度，占总数的16.61%。同时在流动人口中，男性比例较大，占76.82%；女性流动人口占23.17%。

4. 生存状况简陋化

根据涪陵区统计调查队的调查结果显示，47%的农民工居住在工棚或集体宿舍，缺乏厨卫设施，居住条件脏、乱、差，且存在安全隐患；43%的流动人口租房住。由于收入限制，流动人口的文化生活总体上处于贫乏状态，业余生活一般只有看电视、打牌、闲聊等少数几种方式。

三、流动人口管理的压力

当前，对我国流动人口的管理主要以公安部门为主，劳动、社会保障、卫生、教育、计划生育等部门分别根据职能从不同方面对其进行管理。近年来，涪陵区虽然已经对流动人口的管理采取了很多措施，但随着社会发展进程的加快、流动人口的快速流动，辖区流动人口管理仍面临较大的压力。

（一）流动人口自身融入的压力

由于文化背景、经济条件、生活习俗与新的生活环境之间存在差异，而磨合融入新的社会环境又非一朝一夕之事，故在日常生活中时常发生各类纠纷。基层民警每天面对大量的涉及外来人口的“110”接处警，其中纠纷类报警占了大部分，不仅包括治安纠纷，而且包含了劳资纠纷、债务纠纷、消费纠纷等大量的非警务纠纷。在处置此类纠纷时，当事人对相关法律的不熟悉，对解决问题途径的陌生，以及对解决问题的迫切心情等状况，都容易造成对新的生存环境的敌意。

（二）管理服务的压力

随着经济社会的快速发展和人口流动的不断激增，包括公安机关在内的各政府部门都加大了对城市外来人口的管理力度。但在具体的实际工作中，对流动人口管理“重登记、轻管理、轻服务”的现象依然存在。由于缺乏有效的管理手段，外来人口在办理居住证后，包括公安机关在内的各政府部门对外来人口缺乏有效的后继服务及管理。外来人口与所在居住地社区之间缺乏必要的联系与沟通，导致公安机关在开展流动人口工作时缺乏抓手，难以有效掌握其动态及舆情。一旦发生纠纷或群体性事件，公安机关等部门因缺乏事前预警能力，后续调查、化解等工作又会因此变得被动，难以深入开展有效说服工作。

（三）社会治安的压力

由于流动性较大，流动人口的犯罪率高于城市平均水平的现象较为普遍。从涪陵区的情况来看，一是近年来流动人口犯罪率居高不下，以看守所羁押统计数据为例，全部被羁押人员中外来人员所占的比例超过70%，刑事犯罪比例有不断攀升趋势。二是以地缘、亲属为纽带的团伙犯罪形式较为显著，团伙内部关系较为密切，“攻守同盟”较为牢固，此类团伙犯罪形式较之一般犯罪也易对社会产生更大的危害性。三是流动人口中子女犯罪比例较为突出，在未成年人犯罪案件中占绝对多数。父母忙于生计而疏于对其子女关心，一些人因年龄较小无法找到合适工作而造成心理空虚等，这些因素均是导致流动人口子女违法犯罪率上升的成因。

（四）社会保障的压力

由于我国的社会保障目前主要还是与户籍连在一起，对流动人口而言，虽然近年来我国各城市在其子女就学、就医等方面有所调整，但总体而言，办理居住证的流动人口仍无法享受到与城镇常住人口同等的社会保障服务。例如，在子女入学方面，由于公办优质教育资源相对不足，致使流动人口子女不能到公办学校就读。在劳动就业方面，流动人口不能与城镇居民同等享受国家规定的节假日；外来妇女民工的孕期、产期、哺乳期“三期”权益得不到较好的保护；有的企业劳动合同签订率不高，使外来务工人员缺乏应有的劳动合同约定，致使因工资拖欠或工伤事故等问题引发的劳动纠纷时有发生，等等。

四、流动人口管理的实践探索

流动人口是经济社会发展的必然产物，在世界各国现代化进程中，都存在着流动人口的管理问题，下文以全球最富有的城市国家新加坡和处于革新开放时期的社会主义国家越南为例，分析它们如何管理流动人口。

（一）新加坡外来人口的现状与管理经验

近些年来，大量移民涌入中心城市带来了许多问题，包括以交通拥堵、人口拥挤、住房困难为特征的“城市病”，其中也存在着城市管理方式、人口政策调控的弊病。对此，新加坡在移民政策和城市规划方面进行了富有成效的探索。

在人口规模方面，政府已从2009年底开始收紧移民政策。申请成为新加坡的永久居民和公民需要通过整理框架的评估，它综合考虑了申请者与新加坡居民的家庭关系、申请者的经济贡献、申请资格、年龄和家庭档案等因素，以此评定申请者是否有能力在为社会做出贡献的同时融入新加坡社会。2013 年 1 月，政府发布的《人口白皮书》全面提出未来的人口政策规划着眼于新加坡居民的长远利益，强调的是一种高质量、以提高生产力为目的的人口增长，从而保持原著居民与外来人口的平衡。

在城市管理方面，政府努力创造良好的就业机会和优质的生活环境。《人口白皮书》中指出，到 2030 年，新加坡政府将增建 17 万个住宅单位、将现有地铁网络延长一倍，达到 360 公里，增添更多的绿色空间，让未来人口都能安居乐业。在城市概念规划和总体规划中，预先考虑外来人口就业与产业布局的关系；在中心城区设立公路电子收费系统（ERP），根据车辆流量和时段情况适时引导交通分流；建设公共住屋解决了 80%以上的新加坡人（含拥有永久居住权和国籍的外来移民）居住问题；对非居民人口的管理，强调服务、协助与疏导并重。

（二）越南流动人口的现状与改革思考

越南人口的主要流动方向是北部间移民、北越到南越、南部间移民，主要流向大城市、工业园区和出口加工区。总体来看，越南城市化水平不到 35%，年均城市人口增长率为 3.4%，其中增长率最高的是河内和胡志明市。这两个地区交通便利，经济文化发展水平高，产业关联度高，是越南两大城市群和工业集中区的中心。但即使是这两个发展相对较好的城市，也仍缺乏科学规划、总体布局不合理，城市中的民用住房大约有 95%是自建的，布局杂乱、拥挤，河内情况尤为明显。快速的城市化同样给河内和胡志明市的流动人口管理带来了挑战，如空气质量较差、交通拥堵频繁、城市管理能力低下等。

越南在城市进程中存在的薄弱环节，在一定程度上是由人口无序流动造成的。近年来，越南的社会管理改革也在积极稳步推进，在激发社会活力、化解社会矛盾、维护社会公平方面做出了努力。越共“十一大”提出，2020 年越南城市化率达到 45%，并把加大城市基础设施建设作为经济社会发展的三大突破点之一。越南各级政府开始重视人力资源开发，继续推进土地改革，完善养老、医疗等社会保障，引入信息化手段支撑城市综合管理。

（三）对我国人口流动管理的启示

新加坡作为现代化的城市国家，通过调整移民政策就能有效控制人口规模，外在的政策调控具有特殊性，不具备可复制性和模仿性。越南的基础设施建设总体还比较薄弱，城市规划管理也不够科学，我国在城市化进程中的某些领域还走在前列。尽管我国与新加坡、越南两国的国情差异巨大，不能盲目照搬其做法，但各国在“结构转型与城镇化”领域面临的问题是共同的、出现的困境是相似的，在引导人口流动的理念上有着相通之处，在大中城市管理的技术层面上也有借鉴的意义。

一是要坚持大城市管理与中小城市“拓围”并举。由于不同城市的要素禀赋差异和资源获取不均衡，加之后期发展过程中政策供给的趋同，使得二者之间的差距逐渐拉大，人口自然流向发展基础好、就业机会多、公共服务优的大城市，双向分散的流动秩序逐渐被单向集中的涌入流动替代。因此，在借鉴新加坡城市管理经验的基础上，还要充分挖掘中小城市和中心城镇的承载潜力，逐步拓宽其功能定位、市场渠道，形成与邻近中心城市相匹配的城市群、城市圈。

二是要从控制人口规模转到提升人口质量上来。严格控制人口规模是许多大城市的通常举措，地方政府制定各类细则、出台相关标准，设定人口准入条件，这类做法与新加坡的移民政策有相似之处。但是，政府在限制外来人口的同时，还必须提高本地人口的就业能力和质量，使之不断适应大城市的竞争压力，通过城市福利补贴一部分可能被竞争淘汰的原城镇居民，否则就容易形成制度性的“自我保护”。因此，引导人口有序流动是劳动力资源市场化配置的过程，我们既要通过吸引高端人才助推产业转型升级，又应该通过优化产业结构合理分流人口。

三是要从解决人口就业转向产城融合发展。中小城市产业集聚区发展较为滞后，尤其是第三产业发展相对不足，这直接导致了吸纳人口就业能力的低下。越南的城市化也非常重视产业发展，通过建立工业园区吸引人口集聚，但这类工业园区雷同性强、产业关联度不高，往往集中于发达城市。我国的中西部地区也面临着类似问题，主要集中在食品加工、纺织服装、电子仪器等劳动密集型产业。因此，解决就业不仅应解决人们的基本生计问题，还应不断提高其工资待遇和公共福利，而这些都要依赖产业的转型发展，不断提升产业高附加值和劳动，逐渐实现产城融合发展。

五、涪陵区创新流动人口管理的思路与建议

现代社会治理中政府是公共管理的主体，但不是唯一主体，私人部门、非政府组织等社会组织以及公众参与已经构成不可或缺的公共管理多元主体。因此，政府不应采取传统的公共行政管理模式加强流动人口的管理，而应树立“以人为本、以服务为本”的理念，积极推进体制创新、机制创新、模式创新，通过发挥政府、社会、企业、个体等主体的积极作用，进一步完善流动人口服务和管理的相关措施。

（一）增强服务意识，提高流动人口管理工作标准

根据新公共服务理论所倡导的“以人为本、以服务为本”理念，加强对流动人口管理，首先要转变观念，牢固确立服务型管理理念，坚持服务与管理并重，寓服务于管理之中，把流动人口服务和管理工作纳入全市经济和社会发展规划。

1. 转变观念，增强服务意识

我们应当看到，流动人口已成为涪陵区经济快速发展的一支生力军，他们在加快城市建设、促进涪陵区经济发展等方面发挥了积极作

用，作出了重要贡献。他们在与常住人口一样平等履行公民义务的同时，在自我价值实现、社会认同、社会尊重等高层次需求方面也有着同样的渴望，而如果这种渴望长期得不到满足，就很可能使他们产生与本地居民对立的情绪，甚至发生恶性冲突，不利于社会的和谐稳定。因此，我们要走出认识误区，以“新涪陵人”的视角重新审视流动人口群体，从构建和谐社会的要求出发，积极引导社会舆论消除对流动人口的歧视与偏见，将流动人口同样视为促进涪陵经济发展、构建和谐平安社会的依靠对象和支持力量，积极推动本地居民与外来人员和谐共处。各级政府部门要切实增强服务意识，正确处理好服务与管理的关系，变单一的治安防范式管理为服务型综合管理，坚持“服务与管理并重、注重搞好服务”，积极为流动人口排忧解难，使广大流动人口能够享受到市民化待遇、人性化管理和亲情化服务。

2. 将流动人口管理工作纳入全区经济与社会发展规划

目前，涪陵已在全面实现小康的进程中。我们可以预见，随着经济社会发展速度的进一步加快，涪陵对外来流动人口的吸引力还会进一步增强，流动人口仍将保持一定的增长速度，而且其中的一大部分必将转为常住人口。因此，接纳流动人口不仅是涪陵经济发展的需要，也是城市发展的需要。政府部门在编制经济社会发展规划时，应将流动人口作为新市民来对待，在谋划发展战略、设定人均 GDP 目标、规划公用设施布局、确定财政支出和公共服务规模、制定土地利用和住房建设计划等各个方面，都应将他们纳入其中。还要通过编制经济社会发展规划，切实解决流动人口的衣食住行，并为他们提高综合素质创造条件。同时，政府还要通过产业引导和区域引导，广泛吸引知识层次高、具有专长的优秀人才来涪陵工作，最大限度地利用好有限的城市人口增长空间。

3. 加强流动人口管理人员的素质培训

新时期对流动人口的服务和管理不仅要有理念的转变，更要有能力的提升。因此，要切实加强对流动人口管理人员的培训，一方面要提升其道德素质，使其牢固树立“以人为本、善待民工、依法管理、热情服务”的服务管理理念，摒弃各种专门针对外来人员的传统歧视观点，充分认识和明确流动人口作为未来“新涪陵人”的内涵；另一方面要提升其能力素质，强化流动人口服务和管理基础工作的职业操作能力和职业技能培训，加深对外来流动人口的了解和熟悉程度。

（二）创新管理体制，完善流动人口管理工作机制

建立“党委政府领导，常设机构统一协调，各相关部门共同参与，条块结合，以块为主的属地化管理新体制”，推动流动人口管理工作由部门管理为主向政府综合管理的转变。

1. 建立统一、完善的流动人口服务管理组织机构

这就是要建立健全区、镇（街道）和村（社区）三级流动人口服务管理机构，形成流动人口服务管理的三级组织网络。建议成立由党委、政府领导任组长、副组长，各相关部门和单位负责人为成员的各级“流动人口服务管理工作领导小组”，其主要职能是负责所辖流动人口服务管理和出租屋管理的组织领导和协调工作，研究解决服务管理中的重大问题。领导小组下设“流动人口服务管理办公室”（以下简称流管办）为常设机构，落实编制、人员、经费，具体负责流动人口服务管理的日常工作，履行组织、指导、协调、督查、考核等工作职责。为便于统筹协调，建议将流管办与政府办合署办公，单位正职由政府副秘书长（副主任）担任，并配备1～2名专职副职领导。同时，各镇（街道）也成立流动人口服务管理领导小组，设立流动人口服务管理中心，并在各行政村（社区）设立流动人口服务管理站。

2. 实行以镇（街道）和村（社区）为平台的属地化管理

明确各辖区政府、镇政府（街道办事处）为流动人口服务管理的责

任主体，合理划分职能部门、辖区政府和镇政府（街道办事处）在流动人口服务管理中的职责和权限。涉及流动人口服务管理的各职能部门的管理重心、管理权限和管理经费要尽量向辖区、镇（街道）和村（社区）下移，推动流动人口服务管理由“以条为主”向“以块为主、条块结合”转变，实行以镇（街道）和村（社区）为平台的流动人口属地化管理，即由镇（街道）流动人口服务管理中心和村（社区）流动人口服务管理站与相关部门建立联动机制，具体负责流动人口信息采集、传输和暂住登记、就业、计生、租房等综合性服务管理工作，对涉及暂住证办理、计划生育服务、子女就学、就业保障、卫生防疫等业务实行“一站式”受理，“一条龙”服务。

3. 充实壮大流动人口协管员队伍

进一步加强流动人口协管员队伍建设，同时，要整合基层协管力量，充分发挥各类协管员的作用，建议将劳动、计生、流动人口等各类协管人员委托其镇（街道）流动人口服务管理中心统一管理，在村（社区）流动人口服务管理站集中办公，协管人员可以实行相互兼职，整合资源，提高效能。

4. 建立流动人口管理的经费保障机制

一是建立部门经费保障机制。科学测算各部门、各类别的流动人口管理经费，并将各流动人口管理部门所需经费纳入区财政预算。二是建立税费、规费依法征收机制。按照税费、规费的征收规定，加大出租房屋相关费用的征收力度，实行收支两条线管理，所收费用全部用于流动人口的服务和管理，切实保障流动人口服务和管理工作的顺利开展。

5. 建立健全流动人口管理工作考核奖惩机制

流动人口管理工作能否落实到位，关键在于是否建立了严格的绩效考核制度。为此，建议将流动人口服务管理工作纳入基层政府和村（社区）年度社会治安综合治理和平安建设工作的考核内容，每年对镇（街道）服务管理中心和村（社区）流动人口服务管理站进行全面考核，工作成绩突出的应予以表彰奖励，存在问题的单位应限期整改，对不适应岗位的协管人员，可以提出意见责令聘请部门予以调整。具体考核工作由区流管办负责。

（三）扩大公共服务，加大流动人口合法权益保障力度

新公共服务理论指出，公共行政人员有责任通过担当公共资源的管理者、公共组织的监督者、公民权利和民主对话的促进者、社区参与的催化剂以及基层领导者等角色来为公民服务。根据这一理论思想，政府要把流动人口的服务和管理工作纳入公共服务的范围，着力解决影响流动人口切身利益的突出问题，为流动人口创造安居乐业的良好条件。

1. 提高流动人口平等就业服务水平

获得平等的就业机会和工资收入是流动人口来涪陵的最直接动因。建议政府有关部门逐步实行流动人口与本地居民统一的就业政策，全市各级公共就业服务机构向流动人口免费提供求职登记、政策咨询、信息发布、职业指导、职业介绍、职业技能和劳动法律法规培训等服务；全面推行劳动合同制度，所有用人单位招用流动人口都必须依法订立并履行劳动合同，建立权责明确的劳动关系，严格执行最低工资标准和国家关于职工休息、休假的规定；劳动保障部门要严肃查处不签订、不履行合同，超额加班加点，超强度用工，使用童工，侵犯妇女权益等违法行为；建立工资支付保障制度，完善工资清欠预警机制，健全欠薪保证金、企业欠薪应急周转金制度，及时查处拖欠和克扣工资行为；加大企业工会组织建设力度，支持更多的外来劳动者进入工会组织，依靠企业工会力量维护自身合法权益；加强对外来劳动力比较集中的地区和企业的劳动用工、劳动合同和职业中介的监督检查，加大对违法者的处罚力度。

2. 大力改善流动人口的居住条件

拥有较为舒适安全的居住环境，是广大来涪陵务工人员的普遍愿望。近年来，涪陵虽然一些地方兴建了一批“新市民公寓”，有些企业改建、兴建了外来务工人员集体宿舍，但总体居住容量小，布点不尽合理，不能满足流动人口的实际需求。为此，政府要在规划城镇居住体系和工业园区建设时，将“新市民公寓”建设纳入其中。要出台相关政策，在土地划拨、贴息贷款、城镇建设配套费减免等方面给予优惠，以鼓励民间资本建造“新市民公寓”，并实行产业化经营、市场化运作、廉价低利润出租。要积极鼓励企业根据自身需求和经济实力建造职工宿舍，让外来务工人员集中住宿。要在房地产开发中适当增加经济适用房比例，鼓励优秀外来务工人员申购，使外来务工人员实现“居者有其屋”的理想。同时，政府还要进一步加强流动人口聚集区的基础设施建设，改善道路交通条件，强化食品卫生监管以及公共环境卫生和社会治安整治。

3. 健全流动人口的医疗和计生服务制度

医疗和计生部门要按照现住地管理为主的原则，加强流动人口集中居住地的食品卫生安全监督和疾病预防控制工作，落实计划生育、重大传染病控制和外来儿童计划免疫措施。不仅要加强卫生宣传和健康教育，不断提高流动人口的卫生知识水平，还要研究完善适合流动人口的医疗保障政策，保障外来务工人员享受到医疗补偿待遇。

4. 完善流动人口社会保险制度

按照“公平对待、合理引导、完善管理、搞好服务”的原则，加快研究制定全区流动人口参加基本养老、医疗、失业、工伤、生育等社会保险的政策和办法，不断扩大流动人口参加五类保险的覆盖面。就目前而言，政府首先要强势推进工伤保险，其中对从事高风险作业的用工单位，在参加工伤保险的同时，还应办理意外伤害保险。其次要积极推行有差别的社会养老保险制度，对拥有固定职业且已在城镇就业较长时间的农民工，可将其纳入城镇社会养老保险体系，养老保险费的缴纳办法可以视同于城镇职工；对无稳定职业且流动性较大的农民工，可以设计一种过渡性方案，如制定一定范围内不同档次的缴费率供其自愿选择，且规定凡招用农民工的企业必须根据农民工所缴纳的费率缴纳相应档次的基本养老保险费。同时，要为所有参加养老保险的进城农民工建立个人账户。

5. 完善流动人口教育培训体系

多年来，对流动人口的管理基本上都是“只管手脚、不管头脑”的管理方式，即当流动人口违法犯罪时才进行干预，而平时却疏于教育引导。要改变这一现状，必须加强教育引导，变后置惩罚为前置教育。要整合各类教育资源，利用各种载体，加强基本道德规范教育、基本行为规范教育、基本知识技能教育和法律法规宣传教育，加快构建全方位、立体式的教育培训体系，努力提高他们的文化技能、文明素质和就业竞争力，使他们成为当地居民欢迎的人。

6. 妥善解决流动人口子女义务教育问题

解决流动人口子女义务教育问题是一项长期的工作，必须强化政府统筹解决流动人口子女义务教育问题的职能，建立由教育、公安、劳动、建设、卫生、消防、物价、财政等行政部门共同参与的统一监管机制。建议重点做好四项工作：一是进一步提高公办学校吸纳比例。政府要按照“以流入地政府为主，以全日制公办中小学吸纳为主”的要求，制定相关政策，鼓励公办学校吸纳流动儿童少年就学。二是加大对民办学校的扶持力度，建立必要的经费保障和激励机制，指导和帮助民工子女学校有效提高教育教学质量。三是改善简易学校办学条件，加大对简易学校的监管力度，建议将每一所简易学校划归一所公办学校代管，提高简易学校办学质量。四是高度关注流动儿童少年就学情况，保护其合法的受教育权利。

7. 丰富流动人口的精神文化生活

流动人口来自不同区域，很容易与当地常住人口产生文化冲突。宣传、文化、体育等部门要经常性地开展以流动人口为主要参加对象的健康有益的文化文艺体育活动，丰富流动人口的精神文化生活。同时，还要在全局性的系列活动中安排流动人口参与专业项目，注重塑造流动人口的良好形象，展示他们的精神风貌，使流动人口更好地融入本地区的“大家庭”之中。

（四）创新管理模式，提升流动人口社会化管理水平

1. 推行“以房管人”和“以业管人”模式

流动人口在一个地方的落脚点一般离不开两个地方：一是“住宿地”，二是“工作单位”。抓好这两个区域，就是抓好了流动人口管理的关键。因此，建议按照“谁出租谁负责、谁开发谁负责”“谁主管谁负责、谁用工谁负责”的原则，明确出租屋、业主、房屋中介公司、“新市民公寓”建设单位、用工单位的权利义务，落实相应的服务管理责任，将居住于“新市民公寓”、私房出租屋、企业集体宿舍、建筑工棚、自购房等各类住所的流动人口全部纳入登记、管理服务的范围，切实改变出租屋业主、房屋中介公司、“新市民公寓”建设单位、用工单位只收租金不尽责任、只用人轻管理甚至不管理的状况。为使此项工作落到实处，要推行综合管理责任书制度，改变现行的治安责任书单一做法，在流动人口管理服务责任主体中全面签订包括安全、治安、计生等责任在内的综合责任书。同时，还要制定完善检查考核制度，对签订综合责任书的单位和房屋出租业主进行必要检查，了解其责任履行情况，督促责任落实。对不履行管理责任的，应制定相应措施，作出相应的处罚。

2. 探索实行居住证制度，将流动人口纳入实有人口管理

外来人口在流入地实行属地登记，获得居住证，是流动人口在城市

工作、生活的基础。享受就业、求医、入学、保险、购房等工作、学习生活中的有关政策待遇，都应以登记并持有居住证为前提。目前现行的暂住证制度已不适应形势的发展变化，应逐步以居住证取代暂住证，使之成为流动人口在流入地就业、居住、生活的必备证件，这有利于流动人口的服务管理和权益保障。

3. 完善流动人口户口迁移制度

进一步放宽城镇地区投靠亲属、投资落户、纳税落户、人才引进、购房落户等条件限制；对于长期居住城镇，有固定住所和较稳定收入，符合当地落户条件的流动人口可允许落户；对涪陵经济社会发展急需的人才，可不受合法固定住所等条件限制，在当地登记常住户口；对于流动人口中的人大代表、政协委员、先进工作者、劳动模范或其他作出特殊贡献的人员，还可以保障优先落户。总之，政府要通过种种政策引导，使流动人口中具有良好素质的人员尽快融入涪陵，以更好地促进社会发展。

4. 建立信息化流动人口服务管理新模式

加快科技强警步伐，开发设计全区统一的流动人口信息社会化采集系统，并将信息系统的数据采集工作由公安机关交给辖区各企事业单位和社区办理，提高流动人口信息采集的效率。同时，加强对流动人口服务管理采集信息的整合利用，畅通信息交流渠道。在区信息中心建设集流动人口信息、房屋租赁管理、劳动就业管理、计划生育管理、治安管理，以及子女就学、卫生防疫等多功能于一体的流动人口政府综合信息平台，在全区范围内实现流动人口跨地区、跨部门、跨系统的信息共享，提高流动人口综合管理服务效能。各级公安机关还要依托“金盾工程”，加快整合信息资源，进一步强化自动比对、自动报警、关联查询、动态分析等实战功能，加强对高危人员的管控，进一步提高打击流动人口违法犯罪的能力。

5. 积极推动流动人口自治管理

治理理论认为，政府不再是社会管理的唯一主体，但政府有可能还是占主导地位，其他社会组织积极参与社会管理，承担社会管理部分责任，与政府在管理共同事务和对象时相互依赖与合作。根据这一论述，我们认为，在流动人口管理中，政府不再是唯一主体，流动人口自治组织以及其他社会组织都可以成为流动人口的管理主体，但政府还是在所有主体之间处于核心地位。鉴于当前涪陵区的自治组织发展还不够成熟的情况，政府应积极将非政府组织和企业组织等社会组织纳入社会管理体制，并且采取合作的方式共同治理流动人口。例如，可以在全区范围内建立外来流动人员援助中心，使流动人口在发生突发事件、遭遇特殊困难的时候，有求救、求助的渠道。在外来人员相对集中的地区或单位，可通过建立民工学校、社会志愿者队伍等组织，逐步实现外来人员的自我教育、自我管理、自我服务。此外，还可在流动人员中组建党团工会等组织，发挥和加强其权威作用，使其成为沟通党委政府与流动人口的桥梁纽带，协助政府开展人口管理、信息登记、治安巡防等工作，畅通流动人口的诉求渠道，增进流动人口和本地、人口的联谊交流，营造本地、外地居民和睦相处的社会氛围，促进双方融合共处，从而实现社会的和谐与稳定。

第九章 创新社区多元矛盾化解机制

近年来，随着改革开放的不断深入和经济社会的快速发展，我国已进入了社会的转型期和矛盾的凸显期，各类深层次矛盾和纠纷逐渐显露，由于街道和社区处于政府和社会组织的最基层，社区成为当前大多数矛盾纠纷的交汇地、直接发生地。社区是化解多元矛盾纠纷的第一平台，如何建立一种行之有效的多元纠纷化解机制，将矛盾稳定在内部、化解在基层、消除在萌芽，有力地维护社会稳定，促进社区自治，是当前加强社会治理的热点、难点。

一、当前社区基层矛盾的类型与特点

唯物辩证法告诉我们，矛盾无时不有，无处不在，任何社会及任何社会发展的每一个阶段都不可能没有矛盾。落实党的十八大要求，推动社会主义和谐社会建设是一个不断化解社会矛盾的持续过程。因此，深刻认识我国经济社会发展的阶段性特征，正确认识新形势下的社会矛盾，寻找有效化解社会矛盾的新途径，促进社会和谐稳定，减少社会治安隐患，推进经济又好又快地发展，是摆在我们面前重大而紧迫的政治课题。国际经验表明，一个国家人均 GDP 达到 1000～3000 美元时，国家发展进入关键期，这也是发展黄金期和矛盾凸显期并存的阶段。换句话说，这一时期是社会“燃点”较高的阶段，社会问题最多也最复杂，社会可能要发生较大变化，社会学家称为“社会整体转型”。在社会整体转型的过程中，体制转换，结构调整，社会变革，在广度上已经涉及政治、经济、文化等诸多领域，在深度上已经触及人们具体的经济利益。随着社会转型和利益调整的加快，大量潜藏的社会深层次矛盾和问题日益突出，导致了现实社会中各种矛盾的激化。同时，我国的改革进入了攻坚阶段，许多社会矛盾交织在一起，生存问题还没有完全解决，发展问题又大量出现，大多数人对政府和社会有了更高的要求，而政府和社会却难以立即满足，因此新的矛盾不断出现。总体来说，社区基层矛盾发展的规律表现在：如果处理不好，化解矛盾的难度就会越来越大，极易引发社会矛盾的集中爆发。这会使社会矛盾更加尖锐，导致群众对改革的公正性、对政府所管理的这个社会表示怀疑和不满，进而使群众和政府之间的矛盾更加突出。

（一）当前社区基层矛盾的类型

当前社区基层矛盾包含哪些类型，是一个见仁见智的问题。根据不同的需要和角度，人们对此存在着不同的看法，并对其进行分类，这样做是正常和合理的，也是完全必要的。而这里的“基层”二字应当定义在城乡基层这个范围内。紧扣“基层”二字，我们总体上可将社区基层矛盾划分为发生在城镇的和发生在农村的矛盾两种类型。另外，当前社区基层矛盾又呈现出纷繁多样的形式，根据这些矛盾的主体和成因等特点，可将这些社区基层矛盾大致分为社区基层公民（群体）之间发生的矛盾和社区基层公民（群体）同基层政府之间发生的矛盾两大类。

1. 社区基层公民（群体）之间发生的矛盾

这类矛盾又可根据化解方式分为两种。第一种是通过调解方式就能化解的民间矛盾纠纷。它们产生的原因往往是公民之间在性格、习惯、行为方式上的不同、产生的不安或在日常生活和工作交往中发生的很小的利益纠纷等。这类矛盾大量频繁地发生在家庭、工作单位、邻里甚至路人之间，其数量占基层矛盾的大多数，化解这种类型的矛盾往往无须通过法院，一般通过调解的方式就能够消除。第二种则是一般要通过法律程序才能够解决的矛盾纠纷。这种类型的矛盾纠纷大多带有较强的经济利益诉求，如因家庭成员中的财产继承和分割而产生的矛盾纠纷，公民与服务单位之间的劳动合同纠纷，公司之间的各种经济合同纠纷等。这类矛盾也就是所谓的民事案件，一般要通过法院的审理才能最终得到解决。由于市场经济的不断深入发展，第二种中人民内部矛盾产生的纠纷数量也在持续增长。事实证明，法院受理这种民事案件占总受理案件的比例也在逐年不断增加。

一般来讲，社区基层公民（群体）之间发生的矛盾虽然在所有矛盾总量中占的绝对数量很大，相对比例也很高，但是它们形成的原因往往比较简单，涉及的主体关系比较明确，化解和消除都较容易。无论是其产生和化解都对社会安定的大局和政治制度的稳定无多大影响。因此，它们不可能是现在基层矛盾的主要方面和主要形式。

2. 社区基层公民（群体）同基层政府之间发生的矛盾

由于这类矛盾涉及基层政府这个主体，因而可根据它们与政府的关系分为两种类型。第一种是直接由基层政府引发的矛盾。它们产生的具体原因往往是某些法律、政策、机制的缺陷和某些决策的片面、武断，以及某些政府工作人员的作风官僚、粗暴等，造成某些公民（群体）自认为自己的权益受到了侵害或损失，因而直接引起了他们与政府之间的矛盾。第二种是间接由基层政府引起的矛盾。它们往往是由前述公民或群体之间发生的矛盾演变而来。例如，在对公民（群体）之间的矛盾进行调解和审判中，矛盾主体的一方或双方对过程或结果无法接受，感到受了冤屈，而且认为这样的过程或结果是由政府造成的，于是表现出不接受，进而产生向政府上访、上诉的行为，把矛盾的主体转向政府，矛盾因此就演变成了公民（群体）同政府之间的矛盾。这种间接的公民（群体）与政府方面的矛盾近年来也呈不断上升的态势。

一般来讲，公民（群体）与政府之间的矛盾涉及的主体多，利益关系复杂，矛盾化解困难，社会影响较大。若处理不慎，极容易演变为社会群体事件。这类矛盾虽然绝对数量很少，但是由于其主体涉及基层政府，如能妥善处理好，无疑是保证社会安定、政治稳定的极其重要的因素。

（二）当前社区基层矛盾的特点

正确处理和解决社区基层矛盾，首先要了解社区基层矛盾的特点，特别是当前社区基层矛盾的特点。由上面的分析我们可以看到，当前社区基层矛盾具有以下五方面特点：

1. 利益矛盾是当前社区基层矛盾的主要表现形式

多种经济成分共同存在、共同发展造成了多种利益群体之间的矛盾。不但经济成分不同的群体之间存在着利益矛盾，而且同一经济形式的不同群体之间也存在着利益矛盾。一是城乡居民之间、农村居民之间、城镇居民之间、不同地区之间的居民收入差距日益扩大而产生的分配不公问题引发的利益矛盾。二是随着改革的深化、企业结构的调整，在国有企业中，劳资纠纷突出表现为企业转制过程中工人下岗、拖欠工资或医疗赔偿费等问题引发的矛盾；在非公有制企业中，劳资纠纷突出表现为不签订劳动合同、随意加大劳动强度、拖欠并克扣工人工资或医疗赔偿费等问题引发的矛盾；同时，城建征地拆迁、城市管理、商品房购销等也时常引起纠纷。总的来说，人民内部的利益矛盾和冲突表现为横向和纵向两种基本形式。在横向方面，表现为个人之间，各个利益群体、利益阶层、阶级之间，甚至民族与民族之间的利益矛盾和冲突。在纵向方面，表现为个人、集体和国家三者之间的利益矛盾和冲突。而这种矛盾冲突又是通过劳动者个人同企业的领导者和管理者、同国家机关的领导干部之间的矛盾关系表现出来。具体表现为领导同群众之间的利益矛盾和利益冲突。例如，反映整体利益的领导人员的决策和措施同群众中某些只顾眼前利益并过分追求个人利益的不良倾向之间的矛盾和冲突；领导不关心群众疾苦的官僚主义作风同群众的正当合理的利益要求之间的矛盾和冲突；个别领导的贪污腐败现象同人民群众维护自身利益斗争之间的矛盾和冲突；领导主观犯错误而带来的对群众利益的损害同人民群众的不满情绪的矛盾和冲突；中央同地方、上级同下级之间的矛盾和冲突等。

2. 领导和群众矛盾的突出性

在整个社区基层矛盾中，一般情况下，领导和群众的矛盾是人民内部矛盾一个极其重要的表现，是社区基层矛盾存在、发展、变化的主线。社会主义国家最主要的一些社会矛盾，在许多情况下往往通过人民群众与领导之间的矛盾关系表现出来。例如，社会主义社会的基本矛盾通过领导与群众的矛盾关系体现为作为生产力主体要素的劳动群众同作为国家经济、政治职能的管理者和执行者的领导人员之间的矛盾。有些矛盾虽然并不是直接表现为领导与群众的矛盾，但由于这些矛盾经常需要通过领导来解决处理，如果解决处理不当，便转而表现为领导与群众的矛盾。领导者的工作对象就是广大人民群众，一方面，领导肩负着领导群众、教育群众、组织群众、动员群众的职责；另一方面，领导又必须依靠群众、服务群众，自觉接受人民群众的监督。这样领导和群众的关系就构成了社会主义人际关系的主线，他们之间的矛盾就是人民内部矛盾的重要表现。一般来说，领导同群众的矛盾是非对抗性的，但是如果领导发生重大决策失误而严重损害了人民群众的根本利益，领导严重的官僚主义危害了人民群众的正当利益要求，领导中腐化变质分子侵吞了人民财产，领导处理人民群众提出的问题不及时、不果断、不正确等，也会使矛盾激化，出现对抗。我们应当清醒地看到，在领导与群众的矛盾中，矛盾的主要方面在领导。

3. 群体性事件突出已然成为当前社区基层矛盾最集中的表现

目前群体性事件数量增多、规模扩大、组织化程度明显提高，并开始呈现出内部问题社会化，经济问题政治化，相关问题连锁化，行为的违法性与要求的合理性相互交织等特点。在农村，村级财务缺乏透明、农民负担过重、干部作风粗暴；在城镇，企业拖欠职工工资、下岗职工失业、拆迁安置及离退休人员的社保得不到保障等。这些带有普遍性的问题，涉及众多人的切身利益，容易酿成群体性事件。这些群体性事件的出现，主要是物质和经济利益问题，但引发、激化群体性事件的人为因素也在增多，行为非理性化倾向明显，一旦有人串联煽动，部分群众情绪表现比较激烈，就有可能进一步恶化为过激行为，酿成群体性事件，甚至造成社会的局部骚动，扰乱社会秩序，破坏安定团结的政治局面。另外，当自发的、零散的、轻微的利益矛盾不能得到及时解决时，加上领导思想政治工作不力，不能正确引导群众正确对待个人利益与集体利益、局部利益与整体利益、眼前利益与长远利益，就可能转化为自觉的、有组织的、严重的群体对抗。近年来，一些地方因处理不当等多种问题而导致的群体性事件数量增多，规模扩大，动辄成百上千人，多则上万人，组织程度明显增强。

4. 社会矛盾纠纷的激烈化、对抗性明显增强

一些社会矛盾纠纷由于各级机构调处化解不及时或不得当，导致了社会矛盾纠纷的激化，并引发上访或聚众闹事等群体性事件。同时，一些社会矛盾纠纷主体往往抱着“大闹大解决、小闹小解决、不闹不解决”的错误心态，一有社会矛盾纠纷，就通过各种手段使矛盾公开化、激烈化，或冲击党政机关，或阻塞交通、影响生产等，有的甚至酿成刑事案件。干群矛盾的聚合性风险增大，矛盾涉及的对象群体性增多。社会转型期不少利益矛盾都存在于不同利益群体之间，一旦出现利益矛盾，就往往引发群体性利益矛盾，进而导致群体性事件的增多。在社会利益关系调整中，一些村民有相同的利益受损背景，只要有人挑头，马上就群起响应。农村矛盾冲突的对抗性增强，那些涉众广泛、对全局影响较大的矛盾一旦激化，就容易引起连锁反应；一些地区长期积累的矛盾和问题不能及时解决，潜伏着较大的社会风险，群众对社会的不满意和对政府的不信任情绪，往往由于一个非常偶然的事件而被引发，随之爆发出来，从而迅速演化成一场集体行动。

5. 基层矛盾纠纷的主体发生了变化，矛盾覆盖的范围日益呈现出多样化和复杂化，在各种经济成分、社会阶层和利益主体之间，在经济、政治、思想文化等领域都有新表现

由于社会改革，基层民间纠纷主体发生了变化，过去基层群众之间的纠纷，发展成为基层群众与基层行政村、基层群众与企事业单位、基层群众与行政机关之间的矛盾纠纷。矛盾纠纷主体的当事人不再仅仅是基层群众个人，还包括了许多经济主体和行政组织及部门。随着社区基层改革的不断深化和经济的逐步发展，经济纠纷、合同纠纷、行政纠纷等涉法矛盾纠纷成为主流，范围包罗群众生产生活的各个方面。社区基层矛盾纠纷的类型渐趋广泛，呈现出多样化。基层矛盾纠纷触及的问题层次加深，涉及群众利益的矛盾突出。随着改革开放的深入和市场经济的发展，许多新情况、新问题也反映在基层经济社会生活中，涉及群众利益的矛盾纠纷成为主流，经济上涉及所有制关系和分配关系，政治上涉及民主权利，思想上涉及价值观和利益观等，范围涉及群众生产生活的各方面。矛盾纠纷的演化由直线式变成曲折式，并且在矛盾纠纷此消彼长的渐进过程中，还关联了诸多不确定因素。矛盾纠纷的后果不是涉及一个人或几个人的利益，而是牵扯众多当事人的利益。解决矛盾纠纷的方法已不再简单化，这既增加了当前社区基层矛盾纠纷的复杂性，同时也增加了解决矛盾纠纷的难度。

二、涪陵区社区矛盾化解的实践探索

近年来，随着发展的不断加快，各种要素不断涌入，人们的观念不断变化，化解社区基层矛盾维护稳定的压力不断增加。涪陵区在抓好发展第一要务的同时，自觉强化稳定第一责任，切实抓好各类社会基层矛盾纠纷的摸排化解，充分做好化解前、化解中、化解后各阶段工作，为全面深化改革和“三区一城、幸福涪陵”建设营造了良好的社会环境。

（一）化解前要做到“四个第一”

1. 控制第一时间

掌握矛盾纠纷发生的第一时间，争取化解工作的主动，这是一个重要前提。如果第一时间不知晓，对矛盾纠纷缺乏有效的稳控，一旦发酵升级成群体性上访或矛盾冲突，就会给化解工作带来更大难度。在这方面涪陵区做到了“三个畅通”。一是渠道畅通。各单位、各村综治维稳信息员要配齐、配强，做到横到边、纵到底。每半月召开一次维稳形势分析会，信息员及时汇报当地的治安维稳状况，有事快报，特事特报，无事零报。党政领导、驻村干部也经常到村、部门了解情况、解决问题，变上访为下访，时刻多心眼、绷紧弦。二是通信畅通。综治维稳工作领导小组同志的手机全天候开机，便于随时联络。三是汇报畅通。各村、站组遇到重大突发问题，必须第一时间向维稳领导小组报告，镇领导小组进行初步研究后，如能控制在村、镇的迅速采取措施消化，可能难以控制的，第一时间向区政法委等相关部门汇报，争取上级的重视和支持。

2. 捕捉第一信息

矛盾纠纷发生后，涪陵区相关人员及时了解听取矛盾纠纷双方及其他相关人员的意见，对获取的信息认真过滤分析，不听取一面之词或带个人倾向。密切关注网络媒体的动态，党委、政府在信息发布时谨慎，不随意下结论，同时防止别有用心者利用网络媒体把事情放大恶意炒作或发表歪曲言论。遇有网上有人放大歪曲事实，涪陵区相关人员及时请网管员予以引导处理，同时发布事实真相，平息社会猜忌和恐慌。

3. 赶到第一现场

突发事件发生后，党委、政府领导第一时间赶到第一现场，做好三方面的工作：一是稳控现场，不让矛盾升级；二是稳控当事人的情绪，做好劝说工作，亮明身份，表明解决问题的态度，给当事人吃一颗“定心丸”；三是动用各方面的资源，疏散围观人群。

4. 把准第一矛盾

矛盾纠纷事出有因，涪陵区政府要求矛盾化解人员一定要冷静思考，号准“脉”、看准病，不能雾里看花，随意判断。只有找准问题的主要矛盾，才好有的放矢，对症下药。

（二）调处中要做到“四个细致”

1. 安排细致专班

针对矛盾纠纷的化解，首先要成立一个强有力的工作专班，专班人员除综治领导小组成员单位外，还依据矛盾纠纷涉及的部门和村，把相应的部门、村负责人也纳入专班行列。另外，还把与当事人有特殊关系，能为当事人代言、说公道话的国家工作人员或社会其他人员也纳入专班行列。

2. 制定细致方案

制定一个好的方案，对处理问题至关重要。涪陵区在研究制订方案时做到了以下三点：一是方案全面具体，把问题考虑得复杂点，切忌把问题简单化。二是方案正确、超前。制订方案时把握好相关的法律、法规、政策，不越红线、不闯红灯，同时方案有超前意识，以做到未雨绸缪。三是方案有针对性。针对特殊的对象，制定特殊的解决问题的办法，注重人性化，把握好一定的尺度。

3. 掌握细致环节

细节决定成败，在处理问题过程中，尤其要注重每一个细致环节，不能出丝毫纰漏。处理问题的专班工作人员在说话做事方面要时时慎之又慎，不能让当事人钻空子、抓把柄。同时要密切关注当事人的动向，注意他们的情绪变化、诉求变化、行动变化等，找准突破口，找准结合点，为进一步协调做准备。

4. 解决细致问题

在具体的化解工作中，当事人有时会情绪失控，说法、做法有些过激。涪陵区政府要求专班人员时刻保持冷静清醒的头脑、竭尽全力想方设法去化解，其中关键的就是为当事人解决好按政策规定可以解决的问题，不敷衍、搪塞和回避。

（三）化解后搞好跟踪督办

1. 落实化解意见

矛盾纠纷双方达成协议后应该说是问题处理的终结，但是也存在矛盾一方受他人蛊惑煽动，出现“反悔”或私自“毁约”现象。因此，涪陵区政府要求工作专班坚持原则，督促化解意见的落实，坚决维护协议的权威，确保协议落实不松动，以免后患无穷。

2. 监控化解成效

问题化解后，往往还有很多后续的事情，如当时没有执行到位的问题，须报上级部门批准办理的问题，当事人提出诉求一时不能解决的问题等。为此，涪陵区政府要求专班人员要继续搞好跟踪督办，搞好进一步化解，直至问题得到最终最妥善的解决。

3. 总结化解得失

矛盾化解是一项重要的中心工作，更是一项长期艰巨的政治任务。每一个问题的处理都是对维护社会稳定作出的一个贡献，更是对当地党委、政府执政能力的检验。每一个问题都既有鲜明的个性，也有一定的共性，处理中既不能完全照搬照套犯经验主义的毛病，也不能片面孤立地解决。所以，涪陵区相关人员十分注重总结得失，分析成败利弊，不断积累社会管理的经验和教训，增强驾驭复杂局势的能力，为今后抓好维稳工作奠定基础。

三、社区矛盾化解的制度化建设

如上所述，当代中国由于经历了社会转型，各类社区基层矛盾层出不穷、纷繁复杂。社区基层矛盾的特点可以概括为类型多样化、主体多元化、内容复合化、调处疑难化、矛盾易激化等，而“多元化”是当前我国社区基层矛盾纠纷的基本特征。基于此，单纯地依靠司法途径来解决所有矛盾是不理性、不现实的。这就在客观上要求我们必须建立健全多元化纠纷解决机制，以应对复杂多样的社区基层矛盾，切实提高矛盾纠纷的解决效率，保障社会健康、稳定、和谐地发展。

参照目前学界对多元化纠纷解决机制内涵的观点，笔者认为多元化纠纷解决机制是指由诉讼的与非诉讼的、官方的与民间的等多种纠纷解决方式及其内在联系所组成的有机系统。概括来说，就是以诉讼机制为核心和后盾，以诉讼外纠纷解决机制为依托和基础，公力救济、社会型救济、自力救济并存的解纷机制。照此定义，多元化纠纷解决机制在广义上可分为诉讼和非诉讼两大类，学界一般称后者为“替代性纠纷解决机制”（ADR）。诚然，诉讼作为解决社会矛盾纠纷的最后一道防线，发挥着不可替代的作用，但结合我国具体实际，诉讼外纠纷解决机制需要得到更大程度的健全、推广和完善。

多元化纠纷解决机制的建立是一个持续的过程，在建立的过程中需遵循一定的规律和方法。首先，以层级过滤为原则、有序疏导为策略。其次，以非诉调解为主导、司法审核为后盾。最后，以分工协作为基础、多元化解决机制为保障。对多元化纠纷解决机制的构建仅有理论设想是远远不够的，我们还应把这种机制建构落实到实践中去。结合我国国情，在诸多制度设计中，以下几点制度建议应成为构建多元化纠纷解决机制的重中之重。

（一）构建良性互动的多元化纠纷解决机制、健全有效的纠纷预防机制

复杂多变的社会现实要求构建相互并存、衔接、配合和补充的多元化纠纷解决机制，提供多途径、多层次的权利救济渠道，赋予当事人充分的选择机会，以妥善处理和解决社会冲突和纠纷，维护社会秩序，促进社会稳定、健康发展。为此，我们要建立起完善的ADR体系，完善我国现有的、借鉴其他国家各种形式的ADR，加大人力资本的投入，加强相关组织和机构的建设。同时，纠纷预防、矛盾疏导应与纠纷解决放在同等重要的位置。例如，公证作为一种重要的纠纷预防机制，有助于明晰主体之间的权利义务，预防纠纷，化解矛盾，引导民众依法正确地表达诉求，避免和减少诉讼，从而保障和促进社会稳定。此外，人民调解在预防民间纠纷方面也发挥着重要作用。

（二）建立和完善利益的表达和协调机制

纠纷解决应追求和平与对话的理性途径，适当的利益表达机制是当事人沟通及利益协调的前提。适当地表达，还有助于防止冲突的升级，甚至化解纠纷。因此，应多管齐下，拓展各种利益表达机制，理顺民众情绪，引导民众以理性、合法的形式自由、充分地表达利益诉求，并充分发挥媒体、政府、非政府组织及学者的作用，特别是要加大促进民间

组织的建设，使理性的组织成为特殊群体的利益代言人。同时应建立和完善科学的利益协调机制，均衡社会群体之间的利益，通过财政、税收、福利、社会保障和救助等手段进行利益调节和社会整合，最大限度地满足大多数人获取合法正当利益的需求，对弱势群体给予特别关注，尽可能实现社会公平，从根源上抑制各种冲突的产生。

（三）要重视纠纷解决资源的综合、合理利用

很多人认为，解决纠纷是司法等专门机构的职责，诉讼是解决纠纷的最有效途径，诉讼是民众法治观念和权利意识增强的表现。然而由于各国的司法体制与模式存在着极大的差别，诉讼数量和诉讼率的研究仅仅具有极其相对的描述性价值，既不能简单地与一个国家的法治化程度对接，也不能直接证明一个民族或一国公民的法律意识。在多元化和多样化的现实社会中，任何机构、任何社会力量都应成为解决和处理社会纠纷的资源；组织和推动社会发展的过程同时也应是解决、协调及处置社会纠纷和社会冲突的过程。

事实表明，仅仅依靠（哪怕是主要依赖）司法等专门机构解决社会纠纷是远远不够的，各机构、各种正当的社会力量都有责任在自己的岗位和领域内，依据自己特有的条件与方式，参与纠纷的解决。当然，解决纠纷的诸种力量之间应有恰当的分工，有规范化的秩序与程序，以保证解决纠纷的各种资源的合理利用（其中尤为重要的是司法资源与其他资源的恰当配置）。同时应当健全纠纷的识别机制与应对机制；全面考量和斟酌相关司法行为等公力行为和民间组织等私人行为的社会后果。在现代，和睦社会应是一个多元互动、合作互助、理性、权利本位、以人为本的社会。而对此目标的美好追求，则需要综合运用各种手段，在法治化的环境中实现。

（四）推广多元化纠纷解决机制理念，鼓励 ADR 的运用

“构建公正高效的纠纷解决机制，其着力点不仅在于具体制度的重

新设计，更重要的在于摒弃与旧制度陈陈相因的司法理念，实现观念的更新”。完善纠纷解决体制，首先需要更新纠纷解决的理念。改革开放以来，我国基于对法治理想的追求和法律权威的树立与维护，法律的形式化受到普遍的推崇，体现在纠纷解决方面，就是司法机构偏向于对纠纷涉及的是非作出明确而严格的裁定，而不太顾及纠纷解决各方的情感状态及纠纷处理可能引发的其他社会后果。人们往往把最终的司法或仲裁裁决的作出等同于纠纷解决。

然而纠纷解决不应仅仅停留于对纠纷是非的法律判定上，也应注重主体间冲突的真正化解，特别是要注重当事人对抗情绪的消融。尽管在实践层面，两者往往不可兼得，但理念上对后者的重视会促使司法逐步走出一条更切合社会现实、更富于人性化的道路，促使司法在严格的法律形式与法律的实用之间寻求某种平衡。

20 世纪 60 年代以来，世界范围内的法律文化日益转变成“为权利而沟通”。旨在减轻诉讼制度的压力，促进纠纷解决机制合理化、多元化发展的 ADR 的兴起和发展促进了一种时代理念和精神的变化，即从对抗走向对话，从单一价值走向多元化，从胜负决斗走向争取“双赢”。越来越多的人认识到，面对我国司法资源紧缺与案件数量剧增的尖锐矛盾，为维持司法运作中公正与效率的平衡，ADR 是一个不可或缺的思路。我们还应树立正确的纠纷解决观念，纠正片面的法治观，提升社会自治，鼓励 ADR 的运用，如加大宣传力度，创造有利于 ADR 运行的社会环境，赋予 ADR 一定的法律效力，明确 ADR 与司法程序的对接机制等。非诉讼机制的利用及其与司法诉讼制度的衔接，既是多元化纠纷解决机制制度构建的重点，也是法治发展和司法改革的产物。作为配套措施，应大力开展 ADR 的教学与培训，建立 ADR 业务的资格制度，并就 ADR 展开深入的理论研究，加大人力资源的投入。同时，还应大力发展和完善 ADR 组织，并促进保障 ADR 发展的公证制度、民间组织等的发展和完善。

1. 多元化纠纷解决机制的组织机构建设

除了法院等司法机构外，ADR组织和相关机构共同构成了多元化纠纷解决机制的相关组织机构。其中ADR组织机构的建设和完善在多元化纠纷解决机制的实践和多元化、权利自治等理念推广中起到了基础性作用。我国ADR的实践早已有之，如调解和仲裁，并为许多国家提供了丰富的经验和借鉴。我国自1995年《仲裁法》实施以来，仲裁案件的数量逐年增长，但仲裁解决纠纷的绝对数量还很少，远远比不上诉讼、调解等其他纠纷解决机制。仲裁具有诸多独特优势，但其应有的潜能尚未得到充分发挥。我国的ADR组织也有多种形式，如人民调解组织、不同地区各具特色的“大调解”、仲裁机构，以及一些民间性、行政性ADR。下文将主要论述具有中国特色的人民调解和“大调解”、非政府组织（Non-Governmental Organizations，NGO）与人民调解的结合及对多元化纠纷解决机制构建起重要保障和促进作用的公证机构和民间社会团体组织的发展和完善。

（1）人民调解与基层司法

人民调解是指在人民调解委员会的主持下，通过说服教育，规劝引导纠纷当事人互谅互让，平等协商，依照法律、政策和社会公德自愿达成协议，从而消除争执的一种群众性自治的纠纷解决方式。人民调解的功能有社会治理和政治功能，传承文化、道德和社会组织（自治）功能，以及纠纷解决功能。人民调解的组织、功能和运行，不仅在城市和农村存在着差异，而且在各地人民调解组织的发展中也有所差异。例如，城市人民调解组织就发展出了上海市人民调解、公共财政支持与政府购买人民调解服务、北京市市区人民调解及专业性调解（治安行政调解与人民调解结合）等多种模式，而且随着其形式、范围和层级的拓展，逐步显示出自治与司法化、行政化的不同指向。同时，人民调解能否包容或整合所有民间社会解纷机构、专门性解纷机制及行政性解纷机制的需求，也是一个值得思考的问题。人民调解制度需要发展与创新，形成调解组织的多层级化，并应加强常设调解组织及人员的专业化或职业化。基层司法是多元化纠纷解决机制的组成部分。我国基层司法在狭义上是指基层法院及其派出法庭，广义上则是由法院与基层司法所及人民调解组织共同构成，即“人民司法”。我们应当巩固、健全、发展多种形式的民间调解机构，并考虑借鉴西方 ADR 的实践，进一步培育出新型的民间调解机构。

（2）NGO 与人民调解的结合——“小小鸟”人民调解委员会

“小小鸟”是北京市的一个以维护农民工权益为宗旨的民间非政府组织。“小小鸟”不具有政府组织形式，但善于与政府机构、律师、媒体及其他社会团体等合作，发挥或借助这些资源的力量，并被评为世界银行中国发展市场项目的获奖项目。“小小鸟”以调解方式为主的维权方式成本低、受益人数多、便捷且有效，因此受到农民工的欢迎，乃至对方当事人（雇主）的认可。其模式和方式完全是这一群体自身的智慧及其与政府合作的产物，为人民调解的发展也提供了有益的经验。

（3）“大调解”与多元化纠纷解决机制

基于调解本身存在的缺陷等原因，我国发展起了多种模式的“大调解”机制，如山东陵县的大调解格局、浙江的枫桥经验、南通市的“大调解及诉调对接”、河北省石家庄市的“三位一体”大调解模式、北京怀柔区的“三调对接”等模式。各地“大调解”模式的产生，表明统筹整合各种解纷机构，以及民间调解、行政调解和司法调解相互衔接的必要性和多种可能。一方面，“大调解”显示出充分利用各种公共解纷资源、积极应对社会转型期的治理和解纷的需要，从权力竞争走向服务公众，使当事人和社会从中受益等积极意义；但另一方面，“大调解”又具有过渡性特征，部门利益、相互竞争和权力扩张等问题仍然存在，急需对解纷机制进行整合、规范及合理的制度构建。不同的纠纷解决组织和机构具有各自的优势和缺陷，形式上没有必要也不可能整齐划一。民间组织可设立ADR，官方也可协助其建立ADR。我们需要做的是不断在实践中完善，其中，人力资源的投入是一项长期而必要的工程。

2. 公证机构和民间社会团体组织的发展和完善

（1）完善公证机构

概而言之，公证制度是公证组织制度、公证行为制度、公证管理制度及公证救济制度的总称。公证的职能广阔，其首要特点是对纠纷的事先预防。公证担负着引导、规范和适度干预民商事法律行为，调控经济和社会运行，确保各种民商事活动的真实、合法、公平和公正，在解决纠纷时为司法机关提供可靠证据，维护社会诚信等特殊职能。公证通过发挥服务、证明、沟通、监督等方面的作用，预防纠纷，化解矛盾，从而促进社会和谐。但目前公证在我国并未释放出应有的动能，主要原因在于公证制度还存在着许多缺陷，急需改革和完善。国务院2000年批准《关于深化公证工作改革的方案》，要求积极、稳妥地整体推进公证工作改革，争取到2010年初步建成与市场经济体制相适应的有中国特色的公证制度。目前我国公证制度存在体制性缺陷、管理体制不科学、公证员队伍不断萎缩、公证人员整体素质不容乐观等问题，公证法律制度的健全仍需时日。我们应充分发挥公证的职能作用，形成“四大功能”，即准司法功能、法律服务功能、经济监管功能、社会管理功能。还应进一步拓展公证业务领域，积极提供综合性、全方位的非讼法律服务；大力提高公证的公信力，充分发挥公证在信用体系构建中的作用；完善公证书的强制执行效力和证据效力，使公证书真正达到民事诉讼法要求的作为“认定案件事实的根据”的标准；充分发挥公证的证明、沟通、服务、监督职能，规范民事、经济行为，预防纠纷，减少诉讼，为促进社会和谐作出更大贡献。

（2）发展和完善民间社会团体组织

在公权力与现代社会“无根”的群众之间，中间性的结构——社会团体扮演着重要的角色。蓬勃的社会团体（尤其是职业团体）的发展，有助于整个社会的法治化。但是，我国民间组织具有明显的过渡时期组织的特征，尚不完全具备组织性、非政府性、非营利性、自治性和志愿性等成熟民间组织的基本特征。由于现行制度环境的缺陷，我国民间组织的发展面临着多方面的困境，如注册困境，定位困境，人才困境（许多民间组织工资少，待遇低，办公条件差，职业发展前景不明，对优秀人才吸引力不强，从而影响到民间组织的整体素质和能力）；资金困境（来自政府、企业和国际基金的资助均很缺乏，资金严重不足；政府采购尚未惠及公民社会组织；企业捐款的减免税规定不明确；私人基金会的设立和运作面临多方面的限制）；知识困境（民间组织培训不够，信息渠道不畅，缺乏行动策略和职业知识；政府对相关培训的支持和鼓励不够）；信任困境（公众不信任，因为一些民间社会组织缺乏自律机制，社会公信度低，透明度不高，甚至出现贪污、挪用捐款并潜逃等恶性事件；许多官员和一些地方党组织和政府不信任，他们认为民间组织与党和国家相互对立、你强我弱的思想根深蒂固，防范、限制心理严重；内部成员不信任，组织内部民主管理程度不高）；参与困境（我国民间组织及其成员有着很高的政治参与热情，但现有的制度安排为民间组织提供的参与途径主要是向业务主管单位反映意见、建议和要求，而由于民间组织在很大程度上依附于业务主管单位充当配角，因而他们的意见、建议和要求对业务主管单位的影响力很小，很难受到应有的重视）；监管困境（登记管理机关将管理重心放在“人口”管理上，很容易忽视对民间组织活动过程的管理，业务主管单位忙于对民间组织内部管理的干预和重复与民政部门内容相同的监管，因而无法发挥其应有的市场监管职能，双重负责很容易变为无人负责，税务部门本应成为监管主体之一，但在现实中发挥作用却很小，司法部门在监管中处于缺位状态。这样尽管监管法规非常细密，但实际监管效果却很有限，而民间组织却普遍感到行政干预太大，生存状况艰难）；等等。对此，国家需提供资金和政策的支持和鼓励，并以合理、有效的方式进行监督和管理。

第十章　培育社会组织，建构基层协同治理新格局

社会组织是社会治理的重要主体之一，在社会治理中发挥着重要作用。随着我国政府职能转变和行政管理体制改革的深入，培育和发展社会组织、推动社会组织参与社会治理，已成为我国推进国家治理体系和治理能力现代化的重要内容。

一、社会组织在基层社会治理中的重要作用

社会治理是对全社会的治理，需要全社会共同参与协同治理。政府、营利性组织、社会组织被称为现代社会的“三大支柱”，是社会共治体系中不可或缺的一部分。由于社会组织具备政府和营利性组织所没有的独特属性，即非营利性、非政府性、志愿性、互益性或公益性，因而在社会治理中扮演着特殊角色，尤其是在社会治理的最前沿——基层社会治理中发挥着重要作用。当前，随着社会组织的“井喷式”增长，其角色和作用将更加凸显。如何更好地发挥社会组织在基层社会治理中将的重要作用，是一个值得在理论层面研讨和在实践层面探索的新课题。社会组织在了解和反映民生需求、递送公共服务、调节公共冲突等方面充当着重要角色，因而在社会治理中能起到独特的作用。

（一）社会组织体现了“共治”的理念，在基层社会治理中充当着重要角色

传统的社会管理意味着政府主导的单方面、单向度、单手段的管理工作。社会管理的主要行动者是政府，权力自上而下地、单向度流动，管理手段较为单一，以管控等“硬方法”为主。在这种情况下，公众及其他社会组织是被动的管理对象，即便是发挥作用也处于被号召、被组织的地位。可见，传统社会管理的理念主要是管治。而社会治理强调权威来源的多元化，包括政府、社会组织、营利性组织及其他机构和个体；各主体平等协商、密切合作，达成共识，而非一家独大；综合运用法律、规则、权力和习俗等治理工具，刚柔并济。显然，现代社会治理的理念是共治。从管治到共治的转型，意味着社会组织在社会治理中将承担更多的责任，充当着重要角色。

（二）社会组织是民生需求的“扫描仪”

了解和反映民生需求是有效开展基层社会治理的内在要求。大量的社会组织来自社会基层，活跃在基层，与民众关系密切。一方面，众多社会组织的工作人员、义工或志愿者本身就来自农村和城市社区，掌握社会信息，了解民生需求并将这些需求汇聚到所在的组织。另一方面，社会组织往往通过亲力亲为的行动来体验生活、洞察民情，如观察、走访、慰问和调查等。这些方法有助于社会组织第一时间大范围获取民生需求信息，真切了解民众的困难和需要。同时，社会组织具有较强的合作意识，善于建立合作平台，在同行之间共享信息。这样有利于将“碎片化”的民生信息进行拼接、整合而系统化，大大增强信息的效用。可见，社会组织对于民生需求及其变化敏感而真切，协同开展社会治理具有良好的基础。

（三）社会组织是公共服务的递送者

强化公共服务是有效开展基层社会治理的重要手段。从现实看，众

多社会组织积极投身于服务递送以满足人们的需求。这主要是通过两条途径来实现：一是自发主动地利用募集资金向弱势群体提供补充性公共服务；二是作为政府的契约伙伴利用财政拨款提供外包性公共服务。无论是补充性还是外包性公共服务，社会组织的服务递送功能都能得到社会的高度认可，其原因在于社会组织递送公共服务具有服务种类多样化、服务内容个性化、服务方式灵活度高和服务需求回应性强等突出特点。从这一点来看，作为公共服务的递送者，社会组织有效弥补了政府无力或低效提供公共服务之不足。

（四）社会组织是诉求表达的“传声筒”

诉求的有效表达是民主社会的标准之一，也是有效开展基层社会治理的现实途径。人民群众通过一定的渠道和方式向国家表达利益诉求，经过整合的利益诉求转化为整体利益，并最终以法令或公共政策的形式得以维护和实现。因此，在个体与国家之间需要一个传递利益诉求的纽带。除国家的制度安排之外，社会组织还可以从基层反馈民生意愿，成为人民群众表达诉求的“传声筒”，即有效地汇聚和整合分散的、局部的利益诉求，再通过座谈、会面、听证、参政和议政等方式理性地向政府或有关方面表达。

（五）社会组织是公共冲突的调节器

化解公共冲突是有效开展基层社会治理的重要方面。公共冲突往往直接或间接地关乎公共秩序、公共安全和公共福利，或深或浅地影响到公共利益的维护与实现。社会组织在调节公共冲突方面的作用从两个层面体现出来。一方面，具有底层优势的社会组织能够敏锐地洞察基层民众的需求、情绪和态度，扼杀可能引起冲突的“苗头”，起到预防作用。另一方面，在公共冲突爆发时，社会组织可以充分利用其灵活性快速而有效地作出回应，起到缓解作用，避免冲突进一步恶化。

二、社会组织参与基层社会治理的典型案例

近年来，涪陵区基层社会组织蓬勃发展，在政府的培育支持和自身努力下，发展质量稳步提高，在维护社会稳定、提供公共服务和促进科教文卫事业发展等方面，充分发挥了自身作用，成为社区建设和治理的重要参与者。以涪陵区敦仁街道为例，敦仁街道紧扣“增强社会发展活力，提高社会治理水平”的要求，先后出台了一系列政策措施，重点培育发展直接面向基层群众开展服务的社会组织50多个，其中在民政部门依法注册和备案登记的有18个，形成了公益慈善类、服务类、文体类、参与类、经济类等类型丰富、功能多样的基层社会组织体系，有力地推动了基层社会治理创新。

（一）具体举措

1. 强化以民生为重点的公共服务

街道寓管理于服务之中，通过打造服务平台，延伸服务领域和服务触角，着力解决群众最关心、最直接、最现实的利益问题。

一是打造街道便民服务中心。街道集中整合社保所、移民办、社会事务办、计生办、规建所、社区服务中心、文体服务中心等部门，采取一个平台、多个窗口、分别受理的“大厅式”服务模式，集中办理涉及社会保障、城市管理、文化服务等28项事务，被表彰为“全区群众满意服务窗口”。

二是打造社区综合服务大厅。全街道建立了16个社区（小区）综合服务大厅，直接面向居民办理党建、群团、安全、稳定以及各类社会事务，承担代办职能，实现了凡是街道层面办理的事务在社区也能办理的目标。

三是加大就业培训和指导服务。社区内有劳动能力和就业愿望失业

人员的就业率均达96%以上，长期失业现象基本消除，“零就业”家庭全部消灭。

四是组建了群众志愿者服务队。街道建立了16支980余人的党员群众志愿者服务队伍，开展8个大类，34个小类的志愿者民生服务。

五是加强老年服务中心建设，开展“爱老”服务。以街道老年活动中心为龙头，促进老年教育，老年活动阵地建设不断向社区延伸，移民小区建立了爱心呼唤平台，为辖区120名老人免费发放了爱心呼唤器，创新了服务老年居民的工作模式，打造了全市示范典型 。

2. 整合资源构建“大综治”格局

街道辖区内分布和驻扎着各级党政机关和企事业单位135个，这些单位联系和服务着各种不同的人群，掌握着各种各样的资源，街道十分注重调动这些单位的积极性，共同参与社会治理。

一是在街道层面打造街道综治信访维稳中心。中心内的综治、信访、司法、公安、安监、武装等部门实行集中办公，党群、民政、计生、移民、规建、文化、社保、残联、工商、综合执法等部门协调联动。

二是各社区均成立综治（流管）工作站。平安暨综治网络覆盖全街16个社区（小区），社区建立了治安巡逻队和平安志愿者队伍，健全群防群治队伍，完善“三级防控”网络，加大对辖区刑释解教人员、社区矫正人员、肇事肇祸精神病人、吸毒人员等特殊人群的管控工作，管控率达100%，未发生一起肇事肇祸精神病人、吸毒人员、易感染艾滋病等危险人群造成影响的事件。

三是激发辖区单位参与社会治理的活力。努力构建党建共商、事务共管、资源共享、文明共创“五个格局”。

3. 使用专门人才与利用现代信息技术相结合

街道一方面加强培养和使用专业的社会工作者队伍，如街道综治信访维稳中心除由街道党工委书记兼任中心主任，党工委委员、政法书记担任中心常务副主任外，另设2名党政有关分管领导兼任中心副主任，有专兼职工作人员25人。16个社区选举产生“两委”班子成员127人，新一届社区“两委”班子成员平均年龄37岁，大专及大专文化以上文化程度达91%。另一方面也充分挖掘和利用乡土基层社会管理人才的特长，利用他们熟悉当地文化、社区风土人情、联系群众广泛的优势。例如，在移民小区和北门口社区聘请待业人员、退休党员、老居民35人为楼栋长，承担上情下达、下情上传、代办事务、协调纠纷等职责。街道累计组建了治安巡逻队17支、单位保卫队51支、信息收集点110个，形成了社会各方800多人参与的社会治安群防群治网络。近年来，街道在强调人防的同时还支持辖区单位、社会组织大力开展视频监控系统建设，累计安装了4000多个摄像头，强化技防。街道综治信访维稳中心还配备电脑25台，摄像机1部，照相机3部。

4. 推进基层民主

街道在创新社会治理中，更加注重运用群众路线的方式、民主的方式、服务的方式，从偏重管理管制向强化协商服务转变，激发了公众参与力。所有社区都进一步完善了居务公开制度，全面推行社区干部“双评”制度，重大事务坚持民主决策，坚持用“四议两公开”的方法开展工作，形成了社区两委会、辖区机关事业单位、公司个体户代表、流动人口代表、老党员老居民代表五方面参与主体，以优化服务为基本目的，民主协商为主要方式，事前讨论研究决定、事中跟踪监督推进、事后上墙公布公开流程，提升了社区管理决策的民主化、科学性、执行力、透明度，有效促进了基层矛盾的化解，使社区更加和谐稳定。

5. 重视思想文化建设

一是重视基层公共文化服务体系建设。辖区建立了5个社区业余文化团队和6个辖区体育协会，敦仁移民小区修建了面积为300平方米的移民图书室，配有电脑10台，图书10000册，改造、新建休闲文化广场2个，共计4500平方米，安装了健身器材及休闲座椅，极大地丰富了移民的精神文化生活。

二是加强“文明创建是辖区各单位和全体居民群众共同责任”这一理念的灌输。街道组织发动辖区单位、社会组织与社区居民共同参与文明单位、文明社区等各类文明创建活动和文化体育活动。近年来，辖区成功创建市级文明单位43个、区级文明单位73个，文明小区6个，区级以上文明单位覆盖率达90%以上。

三是开展群众性思想道德教育。累计涌现出了徒手搏斗犯罪分子的公安部一级英模、人民卫士周鑫，勇救落水群众十余人的文明市民标兵冉立平，助人为乐无私照料孤寡老人近十年获得国家低碳生活奖的徐玉洁等先进典型，勇斗抢劫歹徒的蔺显强等15个市区级见义勇为先进人物。

6. 以基层党建统领社会治理创新

一是建立社区大党委，形成党建共商格局。近年来，街道16个社区（小区）共吸纳辖区单位、企业组织负责人、社区居民党员41人进入社区党委领导班子，建立社区大党委，由社区大党委统一领导社区政务服务、社区志愿者服务、社区安全稳定、社区文化活动等工作机构。社区大党委建立议事制度、监督制度和党员大会制度，每月至少召开一次会议研究社区重大事项。在社区大党委的统一领导下，基层组织的凝聚力、向心力进一步增强。

二是将党建“三项制度”与维稳中心并轨运行。街道每个月底都要召开党建“三项制度”联席会，会上通过承办部门对当月社区党组织接到群众反映问题的办理情况，分析安全维稳工作中存在的问题，实现了矛盾纠纷的统一受理，进而在平安建设、安全生产、维稳工作等方面实现治安联控、矛盾联调、问题联治、应急联动、平安联创。

（二）经验与启示

城乡基层社会组织根植于基层社会，密切联系基层群众，既是满足人民群众最直接、最现实的公共服务需要的重要服务主体，也是人民群众有序参与基层事务治理的重要组织平台，还是密切党和政府与不同行业、不同领域基层群众血肉联系的重要桥梁和纽带。敦仁街道通过创新社会治理，群众幸福感和安全感大幅提升，连续三年发案量保持两位数比例下降；综合考核大幅提升，连续两年经济社会考核名列全区第一名；干部队伍素质大幅提升，党群关系、干群关系进一步密切；城市管理水平大幅提升。敦仁街道社会治理创新的成功经验对我们培育社会组织建构基层协同治理的思路与措施有非常重要的启示。

1. 成为提供基层公共服务的重要主体

敦仁街道一方面积极开展政社互动和项目带动，鼓励社会组织顺应民意，承接政府职能转移出来的基层公益服务事业，另一方面推出以社区为平台、社会组织为载体、社工和社区志愿者为骨干的“三社联动”模式，实行基层社会组织培育发展与社区建设、专业社工队伍建设有机结合，形成了资源共享、优势互补、良性互动的局面，得到了政府和社会的广泛认同，有效提升了基层社会组织的承载力和公信力。

2. 成为维护基层社会和谐的重要力量

基层社会组织积极开展矛盾调处、社区矫正、治安巡逻、法律宣传等活动，为基层群众参与社区公共事务提供了多元化渠道，通过社会组织的柔性调处，促进了邻里和睦，增进了社区融合，维护了基层社会和谐。

3. 成为弘扬社会文明正气的重要阵地

敦仁街道聚力发展升级，积极打造“新面貌、新服务、新风尚、新机制”的“四新”社会组织，在公益奉献的同时传播公益理念，依托社区平台、社会组织，因地制宜地在全街道16个社区全部建立了文化宣传长廊，弘扬社会文明正气，对全社会文明素质的提高起到了促进作用。

三、培育社会组织建构基层协同治理的思路与措施

（一）提高基层社会治理理念与认知水平

1. 凝聚共识，为培育和发展社区居民自治组织和群众社团营造良好氛围

加快转变街镇政府职能，推进街镇政府社区治理的部分职能有序向社会组织转移，支持政府部门和街镇逐步把群众性、社会性、公益性、服务性的社会管理职能，转移给社区各类专业性社会组织、居民自治组织和群众社团，为其提供展示舞台和发展空间。要对社区居民自治组织和群众社团参与基层社区治理，给予必要的专业指导和物质支撑。要鼓励社区居民自治组织和群众社团依据社区居民需求主动开展活动，要主动地以服务换取资源、以感情激活资源、以作为争取资源，而不是单纯地依靠政府配置资源。要做实基层社会组织联合会和社会组织指导服务中心，拓展其整合资源、引导监督的功能，重点帮助和支持基层社区居民自治组织和群众社团参与社区治理，为社区居民自治组织和群众社团提供学习交流平台，探索社区居民自治组织和群众社团参与基层社会治理的模式。

2. 广泛宣传，提升社区居民自治组织和群众社团的社会影响力

要注重树立基层社区居民自治组织和群众社团的品牌，建立一批具有较高服务能力在基层社区居民中有较大影响力的社会组织。引导

基层社区居民自治组织和群众社团加强自我宣传、展示良好社会形象，同时在全区范围内加强宣传和推介活动，提升社会组织的品牌效应。

3. 针对相关部门及基层政府的相关负责人系统地开展基层社会治理的专题培训

为适应我国经济转轨与社会转型时期社会治理结构快速而深刻变化的实际，尤其需要政府领导全方位转变观念，树立依靠社会力量管理社会事务的思想。要全面加强涪陵区相关部门、基层政府主要负责人及分管负责人基层社会治理专题培训。

4. 尽快编制区基本公共服务力（ABPS）考核指标体系

尽快出台相关考核办法，在城区开展考核试点，并逐步在全区推广。

（二）全面贯彻落实“4+1”社会服务政策

涪陵区“4+1”社会服务政策，是推动全区基层社会治理的政策基础，应从以下五方面加大落实力度：

1. 尽快成立区社会服务工作委员会

尽快成立区社会服务工作委员会（区相关领导牵头、区相关部门参加，内设专家咨询委员会和社会组织咨询委员会），具体负责统筹推进各项政策的贯彻落实。

2. 加快制定《涪陵区社会服务平台认定与补助办法（试行）》的执行细则或实施方案

开发支持平台运营管理的社会服务信息系统，引入第三方评估监督机构负责运营管理市级平台，引入专业社工机构负责运营管理区级平台；加大购买职业社工岗位力度，实现城区街（镇）、居（村）平台的基本覆盖。

3. 加快编制涪陵区政府购买社会服务目录，并确立政府及部门购买社会服务的财政投入机制

有关部门要转变服务理念，积极提出社会服务项目，配合支持第三方评估监督机构，对所编的政府购买社会服务的项目进行评价。凡进入政府购买社会服务目录的项目均由财政部门预算安排，包括资金来源、资金递增递减、资金拨付、资金监督等机制。

4. 尽快成立并运作社会组织发展基金

推动实现社会组织孵化园建设运营，加快区社会组织孵化园建设试点，并开展公益创投项目试点工作；力争早日实现区社会组织孵化园建设运营全覆盖、街（镇）社会组织孵化园建设运营基本覆盖。

5. 加快推进专业社会工作人才队伍的建设培养

区、街（镇）、居（村）相关社会服务管理人员应尽量全员参加社会工作者资格考试，要求具体从事社会服务的管理人员具备社会工作者从业资格。全区街（镇）社会服务中心应配备1名社工管理人员和1名专业社工督导人员。

（三）建立基本完善的社会组织管理体制机制

建立完善的社会组织管理体制机制，是培育发展社会组织、推动社会组织开展社会服务、推进社会组织参与社会治理的基本保障。

1. 进一步加强社会组织管理机构与队伍建设

推动成立区级的社会组织管理局，设立编制并配备专职工作人员。在街道层面，对社会组织备案与孵化培育、社会服务平台建设运营、社会服务项目实施、基层政权建设、社区居民自治等工作进行统筹管理，依托原有的“社会事务办公室”或扩大成立“社会工作办公室”，配备专职工作人员负责上述工作。

2. 进一步完善社会组织监督管理机制

进一步规范、完善涪陵区社会组织年检制度，进一步建立健全社会组织监督与自律制度，将社会组织治理结构完善、社会组织信息公开、社会组织诚信与行业自律等纳入社会组织等级评估。

3. 进一步完善社会组织孵化培育机制

依托区级社会服务平台建设运营，建立政府购买服务的第三方评估管理机制；依托区级社会服务平台建设运营，建立政府购买服务的第三方监督管理机制；依托街（镇）社会服务平台建设运营，建立政府购买服务的社工统筹协调机制；依托市级、区级社会组织孵化园的建设运营，建立社会组织孵化培育的第三方能力建设支持机制。建立健全公益创投、招投标、服务补贴等政府购买服务的规范制度；建立健全社会组织孵化园建设运营的规范制度；加快贯彻落实国家、省、市有关的社会组织财税政策，建立健全社会组织财税制度，规范免税资格申报认定、免税发票领取开具等事项。

（四）建立基本完善的社区服务管理体制机制

建立完善的社区服务管理体制机制，是培育发展社会组织、推动社会组织开展服务、推进社会组织参与社会治理的有效支撑。

1. 尽快组织开展社区服务管理体制改革调研工作

要系统梳理、总结推广社区服务管理体制改革的经验与做法，提出社区服务管理体制综合改革方案；组织开展社区服务管理体制综合改革试点工作；全面推行社区服务管理体制综合改革。

2. 加快政府相关部门行政体制改革

要重点突出社会管理与公共服务等工作，重点梳理相关行政工作的流程程序，遵循权责与资源匹配原则，避免部门事务无限下沉，减轻基层社区行政工作的负担。

3. 加快政府相关部门社会管理与公共服务体制改革

重点研究部门之间相关事项的联动机制，突出政策统筹的重要性，重点梳理社会管理与公共服务工作的流程程序，避免上级部门责任过多下移，提高基层社区的服务管理效能。

4. 尽快开展民主自治示范社区建设试点工作

重点开展社政分离、社区居民自治的制度改革试点，突出居民代表队伍与自治组织建设、社区服务建议评议制度建设等工作。

5. 要充分发挥党在社区的领导核心作用

要以机关单位党员属地报到为契机，充分发挥党员在社区治理中的先锋模范作用；工会、共青团、妇联、残联等社会团体也要积极跟进，通过社区服务平台发挥引导、指导作用；同时，要积极组织退休干部职工、流动党员参加社区服务和治理。探索建立社会志愿者、义工参与社区服务的机制。

6. 建立健全社区居民自治组织和群众社团与基层社区治理的激励机制

引导基层社区居民自治组织和群众社团健全以章程为核心的内部管理制度，发挥成熟社会组织的典型示范作用，促进社区居民自治组织和群众社团的自主发展、自我管理能力，塑造良好的社会公益服务形象。要加强分类指导和扶持，以居民身边事、家门口事为重点，突出养老、物业、矛盾调处以及重点人群和重点区域服务，支持引导基层社区居民自治组织和群众社团参与社区服务和管理。完善基层社区公益服务项目招投标机制，营造公平、公正、公开的项目招投标环境，鼓励社区居民自治组织和群众社团承接政府公益服务项目。

（五）完善基本畅通的社会组织参政议政渠道和地方规制

1. 不断拓宽社会组织参政议政的渠道

社会组织开展服务、社会组织参政议政，是实现现代柔性社会治理方式、多元社会治理方式的重要内容。建立基层协商民主的平台，要提高人大、政协关于社会组织的提案率和办结率，重点推动人大代表、政协委员与社会组织人员积极合作，进社区开展社情民意调研工作。

2. 加快将社会组织地方性法规列入立法规划

充分利用具有地方性法规立法权的优势，把加快社会组织地方性立法工作摆上议事日程，列入立法规划。适时成立社会组织立法调研专家组，论证、起草地方立法草案。

（六）多措并举，加强基层社区居民自治组织和群众社团的队伍建设

1. 分类别、有步骤地培育、扶持、引导规范社会组织发展

重点扶持行业类商会、公益慈善类社会组织、城乡社区服务类社会组织。省级孵化基地主要扶植、培育有利于区域经济发展的各类行业协会组织；有影响力的公益慈善类组织，特别是基金会。市、区级孵化基地主要扶持参与社会组织督导、管理、培育、监督的枢纽型社会组织；可提供民生工程类、社会普遍关心的基本服务类服务的社会组织。街道、社区社会组织培育孵化平台主要扶植志愿服务、矛盾调解、社会治安、流动人口管理类社会组织等。

2. 积极培育社区居民自治组织和群众社团的领头人

通过社会组织指导服务中心，培育社会组织的执行团队，要发挥社区老同志经验丰富、激发社区青年人年富力强的优势，使这类社会组织中既有专业能力强的青年同志，也有熟悉政府运作体系的中老年同志。此外，还要组织开展社区居民自治组织和群众社团的专题培训。

3. 拓宽社会组织参与有关领域协商的渠道

吸收社会组织中的优秀人士通过各类现有参政议政渠道参与相关领域的政治协商。政府应尽量将相关的社会组织吸纳到公共服务的政策制定过程中，这不仅有助于社会组织本身的成长与发展，塑造和强化其作为政府“助手”和“伙伴”的作用，而且有助于政府规范行政、增强公共政策的可执行性，同时有利于减轻政府负担、促进政府职能转型，提高公共服务的整体质量，也便于政府了解相关社会组织的优势、困难，提高双方资源整合的有效度。

4. 加强街道、社区与枢纽型社会组织的联系合作，搭建资源共享平台

已经设立社会组织服务中心、服务站的街道，建议其中的社工岗位人员到街道各部门，特别是民政、劳动就业、信访、综治部门学习，总时间不得少于一年，工资由政府购买社工岗位解决。明确要求街道、社区工作站向社工岗位人员提供基础资料，特别是困难残疾居民需求信息。将专业社工对街道各部门的评价纳入街道工作考核指标，保障基层枢纽型社会组织及时准确地了解基层情况和需求，打好社会工作特别是社会服务项目设计的前期基础。

5. 加强评估，完善基层社区居民自治组织和群众社团的规范化管理

对现有的社区居民自治组织和群众社团摸清底数，规范社区居民自治组织和群众社团的监督与管理，同时对基层社区治理中作出积极贡献的基层社区居民自治组织和群众社团给予表彰，对违反章程和规定的居民自治组织和群众社团给予必要的引导，促进其健康发展。

第十一章 “枫桥经验”及其启示

2013年底，习近平总书记指示要求学习“枫桥经验”，进行社会治理创新。2014年1月7—8日，在中央政法工作会议上，习近平总书记再次在讲话中要求各地各部门学习落实“枫桥经验”，“枫桥经验”再次引发热议。“枫桥经验”作为一个地方性经验，在很多方面很好地体现了当代中国社会治理创新的基本精神内涵，是新时期进行社会治理体制创新的一个样本。

一、“枫桥经验”简介

“枫桥经验”，起源于20世纪60年代改造“四类分子”（地、富、反、坏分子）的农村社会主义教育运动。虽然中央决定了“一个不杀，大部不捉”的方针，但许多地方在具体推行过程中，依然是定指标、“关一批”“判一批”“杀一批”的做法。1963年6月19日，浙江省委根据中共中央《关于目前农村工作中若干问题的决定（草案）》的精神，派省委书记处书记兼省委宣传部部长林乎加率领的省委工作队到诸暨县枫桥区，会同诸暨县委在枫桥区7个公社进行社会主义教育运动试点。

试点一开始，当地一些干部和群众积极分子就提出了不少过激要求。针对这一情况，省委工作队发动枫桥群众开展“武斗好还是文斗好”的大讨论，广大干部和群众形成“武斗斗皮肉，外焦里不熟；文斗摆事实、讲道理，以理服人，才能斗倒敌人，擦亮社员眼睛”的一致看法。试点的西畴大队有一个原有1400多亩地的大地主，土地改革后一直拒绝参加劳动，留恋过去不劳而获的地主生活，把现在自己居住的十多平方米房子比喻为仅容纳一个膝盖，还写了一本署名“容膝斋”的反动诗抄。先后批斗了他二十多次，都没有制服，群众称他为“橡皮碉堡”。在这次运动试点中，群众同他进行充分说理，其他四类分子也揭发他在家偷偷写反动诗。这个被称作“橡皮碉堡”的地主分子，终于交代了制造谣言、记变天账、写反动诗等事实。群众高兴地说：“说理斗争真是好，‘橡皮碉堡’攻破了!”他自己也说：“这次评审，对我很有助益，我服了。”试点中，7个公社有67名四类分子被列为重点对象，斗争会上干部、群众坚持摆事实、讲道理，不打不骂，并且允许斗争对象申辩，结果没有捕一个人，就把全部四类分子都说服了。

随后，浙江省公安厅将枫桥区社教运动中创造的“发动和依靠群众，坚持矛盾不上交，就地解决，把绝大多数四类分子改造成新人，实现捕人少，治安好”经验，报告公安部。1963年10月下旬，当时的公安部领导谢富治向正在杭州视察的毛泽东同志口头汇报了这一做法。毛泽东同志对枫桥“一个不杀，大部不捉”、采取说理斗争的方式教育说服“四类分子”的做法很感兴趣，当即指出：“这叫矛盾不上交，就地解决。”

遵照毛泽东同志的指示，1963年11月，公安部和浙江省公安厅蹲点研究和讨论总结，最终形成以浙江省委工作队和诸暨县委署名的《诸暨县枫桥区社会主义教育运动中开展对敌斗争的经验》。同年11月20日，毛泽东同志在公安部起草地向第二届全国人民代表大会第四次会议作“依靠广大群众，加强人民民主专政，把反动势力中的绝大多数改造成为新人”的发言稿上批示：“此件看过，很好。讲过后，请你们考虑，是否可以发到县一级党委及公安局，中央在文字前面写几句介绍的话，作为教育干部的材料。其中应提到诸暨的例子，要各地仿效，经过试点，推广去做。”11月22日，毛泽东同志在和当时的公安部领导汪东兴谈话时说，“公安部日常的具体工作很多，但最重要的一条是如何做群众工作，教育群众，组织群众，做一般性的公安工作。从诸暨的经验看，群众起来之后，做得并不比你们差，并不比你们弱，你们不要忘记动员群众。”至此，“枫桥经验”宣告正式诞生。

二、“枫桥经验”的本质

“枫桥经验”是我党“从群众中来，到群众中去，一切为了群众，一切依靠群众”的群众路线的集中体现，是正确对待人民群众的根本观点和根本立场，是我们各级党组织的全部工作的出发点和党的各项事业的立足点。人民群众是历史的创造者，“群众利益无小事”，只有“发动和依靠群众”，才能尊重和保护群众的首创精神，激发和调动群众的积极性、创造力，我党的工作才能得到人民群众的支持、信任和拥护。

一直以来立党为公、执政为民，都是我党最根本的执政理念。“枫桥经验”充分体现了这一理念，相信谁、依靠谁、为了谁，是否始终站在最广大人民的立场上去看待问题、思考问题、解决问题，是检验我党一切工作的试金石。领导干部和广大党员是人民群众的公仆，只有“坚持矛盾不上交，就地解决”的思想，才能发挥各级党委政府的主观能动性，调动一切积极因素，千方百计地为群众办实事、办好事、快办事，充分提高行政效率，而不是把问题和责任抛向上级党委政府。“以人为本”就是要把人民利益作为一切工作的出发点和落脚点，不断满足人们的多方面需求和实现人的全面发展，就是要为了人、理解人、相信人、尊重人、关心人、提高人、依靠人，以人为根，这也是“枫桥经验”之所以要大力推广的原因。“枫桥经验”之所以能够在一些地方获得好口碑，长久保持旺盛的生机和活力，就是因为它始终体现着全心全意为人民服务的宗旨。为人民服务的人生观、价值观是我们共产党人始终自觉实践党的根本宗旨的思想基础。只有树立了这种人生观、价值观，才能一心为人民；一切为人民、自觉努力地提高为人民服务的本领，克己奉公，无私奉献，才能做群众的贴心人；将自己融入群众，才能始终心系人民群众，才能想人民群众之所想，急人民群众之所急，忧人民群众之所忧，办人民群众之所办，也才能正确处理好国家、集体、个人三者利益之间的关系，敢于自觉接受群众监督，而不会因个人私利损害国家和人民群众的根本利益。

三、“枫桥经验”的历史启示

改革开放以来，“枫桥经验”并不能照搬，但可以被赋予新的内涵。在强化基层基础工作、加强社会治安防控体系建设和实施网格化管理、组团式服务的社会管理创新等方面，“枫桥经验”仍是依靠群众进行源头治理、行之有效的方法。重温“枫桥经验”，可以获得创新社会服务和管理的若干启示：

（一）“枫桥经验”的核心是发动和依靠群众

“发动和依靠群众，坚持矛盾不上交，就地解决”的“枫桥经验”，是20世纪60年代浙江省诸暨市枫桥镇首创的化解基层矛盾纠纷法，1963年毛泽东同志就曾亲笔批示要“各地仿效，经过试点，推广去做”。“枫桥经验”由此成为全国政法战线的先进典型。发动和依靠群众，人民的立场、人民的主体地位是“枫桥经验”的核心，也是社会管理的实质：群众参与，实现社会的自治。在当地政府的推动下，唤醒了群众的民主意识，群众积极参与公共事务，这是社会现代化的一个方向。由此看到马克思主义人民群众创造历史的观点和党的群众路线在“枫桥经验”中得到了最好的体现。面对当前社会管理存在的突出问题，“枫桥经验”为突破现有政府主导社会管理的局限，创新社会管理依靠群众及时地化解矛盾、协调关系，为实现社会的和谐稳定提供了有益的经验。

（二）以人民为主体打造服务型政府

社会管理说到底就是对人的服务和管理。党的十八大报告中指出：“建设职能科学、结构优化、廉洁高效、人民满意的服务型政府。”这一论述，为服务型政府究竟是什么样的形态确立了四大标准和四大目标，即“职能科学、结构优化、廉洁高效、人民满意”。建设服务型政府，是中国共产党为贯彻落实科学发展观作出的一个重大战略部署，标志着我们党对政府改革和自身建设认识的不断深化。建设服务型政府，既顺应了世界公共行政发展的潮流，也满足了人民群众的迫切愿望。随着民主意识、法治意识、竞争意识和参政意识的不断增强，世界各国的人民群众对政府的期望越来越高。在我国，特别迫切的是，要求解决政府在履行职能过程中许多不尽如人意的问题，如形式主义、官僚主义的问题；行政审批程序烦琐，推诿扯皮，效率低下的问题；不作为、乱作为，办事缺乏透明度的问题；一些官员腐败的问题等。总之，只有建设服务型政府，才能有效地克服上述弊端，提高人民群众的满意度，树立人民政府的良好形象。对于当前存在的涉及群众切身利益的突出问题，要认真查找、切实解决；在制定政策时，要认真站在群众的角度考虑问题，不能损害群众利益，更不能与民争利；要不断拓展与群众之间的沟通渠道，学会通过互联网等多种途径听取群众声音，依法及时妥善解决群众反映的实际问题。

（三）创新社会管理必须重视源头治理，强化基层基础工作，及时化解矛盾，就地解决问题

创新管理的重点在基层、难点在基层，希望也在基层。群众工作贵在建立健全科学民主决策和管理机制。鼓励党员干部走访基层单位和群众，将政府的管理和服务与群众的利益无缝对接，收集意见和建议，变“向上看”为“向下看”，变“事后调解”为“事前预防”。努力化解矛盾，就地解决问题，这就是“枫桥经验”的基本精神。重视从源头上处置问题，重视在萌芽状态下化解不和谐因素，重视基层基础工作的突出地位，抓住解决问题的最佳时机。要认真分析时间、原因，及时应对事态发展，争取在事发当地积极及时妥善解决事件，化解矛盾纠纷。党委领导、政府负责，贵在坚持，贵在落实，需要充分发挥地方党委和政府的积极性和主动性。

（四）推动维稳转型，形成开放、动态、韧性的稳定。经济社会的发展进步，必然要求从静态有序的稳定走向动态有序的稳定

即从绝对的超稳定状态走向充满活力的动态稳定状态。动态稳定架构下，将形成稳定的政权体系、合理的权力结构和有序的政治过程三个不同层次。动态稳定观要求维护社会公平正义，允许存在矛盾纠纷但能获得及时解决，允许存在不同利益诉求且可以有健全完善、便捷的表达通道和利益协调解决机制。要推动堵截式维稳向疏浚式维稳转型、运动式维稳向法治式维稳转型、被动式维稳向主动式维稳转型、刚性硬维稳向刚柔并济式维稳转型。开放、动态、韧性的稳定观要将维稳与维权统一起来，而不能将维稳与维权视为冲突不可调和，更不能一提维稳，就是做加法——加权力、加机构、加人，而是要适度做减法——减少矛盾，减少对抗，给群众减负，给社会减压。“不闹不解决、小闹小解决、大闹大解决”的方式必须改变。稳定作为硬任务，绝不能离开社会协同与公众参与。这也是社会管理创新从“枫桥经验”发展互动中获得的又一条启示。

（五）深入发展社会组织社会服务的协同作用

社会组织有化解矛盾、反映诉求、规范行为、社会监督的功能，在社会管理中是十分重要的管理主体。发挥社会组织社会管理的协同作用是社会管理创新的重要内容。例如，诸暨市建立专业化社会调解组织，有效解决矛盾是“枫桥经验”的一大创新。诸暨市在医疗、劳资等重点领域成立了专业性较强的调解委员会，效果显著，全市绝大多数医疗纠纷都通过医调会解决。为了更好地为群众服务和做好社会管理、更好地满足群众多元化、高层次的需求，增强群众的满意度和幸福感，除了要有良好的服务态度和行动，还需要专业知识，故此，“枫桥经验”的现代化发展，实现对群众更加人性化的服务和精细化的管理，需要大量培养专业的社会工作人员和建立社会工作组织。在新的历史时期，发扬“枫桥经验”，坚持依靠群众、发动群众，就应该通过新的手段和途径，培植多种社会主体，建构全社会共同参与、共同治理、成果共享的新格局。

（六）社会管理必须走法治化之路

在依法治国、加快法治国家建设的背景下，国家各项工作都要实现法治化，当然，要在法治框架中推动社会体制改革和社会管理创新。成功的经验和做法需要进一步地推广，最为有效的是通过制度设计与执行，尤其是法律制度的制定与实施。习近平同志曾指出，进一步总结推广和创新“枫桥经验”，就是要坚持完善制度，注重长效。60 多年前，新中国刚刚建立，百废待兴，我们党执政、治理国家主要是通过政策；60 多年后的今天，经济快速发展、流动人口增加、社会迅速变迁，我们党提出科学执政、民主执政和依法执政，要求运用法治思维、法治方式化解纠纷、解决矛盾。这是历史发展的必然。实现社会管理法治化的目标，既是依法治国基本方略在社会管理创新领域的必然要求，也是

“枫桥经验”与时俱进创新发展的必然趋势。社会管理法治化，要求在宪法法律范围内推动社会管理创新和社会体制改革，同时用法律制度来巩固改革创新成果；要求贯彻实施好宽严相济的刑事政策，严格公正规范文明执法，公正司法，为民司法，妥善解决好情理法关系问题、法律效果与社会效果的统一问题；要求建立健全完善利益表达机制、利益博弈机制、利益协调机制、利益冲突解决机制和矛盾纠纷的排查化解机制，包括诉讼制度完善和涵盖民间调解、行政调解和司法调解的大调解制度完善；要求我们加快“平安中国”建设、“法治中国”建设和过硬队伍建设，为社会管理创新营造全社会学法、守法、护法的良好法治氛围。

四、正确学习运用“枫桥经验”

正确学习运用“枫桥经验”就是要求各级政府，不能单纯为推广“枫桥经验”而设置一些条条框框来作为考核干部是否运用好“枫桥经验”的标准，如果只是简单地将“枫桥经验”数学化成一些政绩目标，例如，以治安案件数量、群众上访数量、群众矛盾纠纷数量来简单地衡量“枫桥经验”的运用成果，来确认干部是否掌握好了“枫桥经验”的标准，可能会本末倒置，使一些干部为了自己的政绩考核目标，打着“枫桥经验”的名号来打压群众，消极处理群众事件，而没有做到真正为了方便群众解决问题来学习“枫桥经验”。同时，领导干部也要明白“枫桥经验”的本质和值得推广学习的亮点，不能只是一味地坚持“小事不出村，大事不出镇，难事不出县”的想法，而应该结合事件本身的特点，综合自身权利范围合理解决事件，对于那些自己无力处理的事件不能一味压制，而应引导群众通过正当合法的途径来表达诉求。

（一）正确学习运用“枫桥经验”要做好群众的思想政治工作

首先要充分利用从众心理，做足舆论导向。从众心理（Conformist

Mentality)，指个人受到外界人群行为的影响，而在自己的知觉、判断、认识上表现出符合于公众舆论或多数人的行为方式，通俗地说就是“随大溜”。心理实验表明，只有很少的人保持了独立性，没有从众，所以从众心理是大部分个体普遍所有的心理现象。在新形势下蓄势造势做好群众的思想政治工作，要大力宣传党委和政府为保障和改善民生所付出的艰苦努力、取得的巨大成绩，大力推广解决群众合理诉求、维护群众合法权益的典型经验和做法，发出主流声音，树立正确导向；通过村务公开平台、村务微博、热线电话、民情QQ群等方式，用好现代科技手段完善联系群众、体察民情、回应民意的新平台，发挥互联网时代舆论宣传的优势，增强群众思想政治工作的灵活性、针对性、有效性和互动性；因势利导，从而达到“劲往一处使，心往一处想”的目的。其次要学会与群众妥协。传统的农村党群沟通机制是一种自上而下的沟通，比较强调党组织的组织、动员、号召、鼓舞职能。而人民群众则是名副其实的受体，被动接受一切信息，没有反馈和回应。这种沟通体制在整个计划经济体制时期发挥了积极作用。但随着市场经济体制的确立，社会利益主体多元化，群众的平等、民主、法治、秩序等意识不断增强，整个社会利益关系复杂化，使社会矛盾和社会冲突明显增加，仅仅靠自上而下的沟通模式已不能解决现实中的问题，迫切要求转变沟通模式以适应社会的需要。改革开放以来，随着市场理念的渗透和村民自治的兴起，人民群众从传统的信息受体中解放出来，参与意识强烈。这既是一种进步，也在一定层面上给人民群众的安定有序发展带来挑战，特别是由于征地拆迁等问题引发了群众集体上访、静坐、请愿等制度外的利益表达方式，这说明创新沟通理念、学会妥协对当前社会的稳定具有重要意义。

（二）正确学习运用“枫桥经验”要善于与群众沟通

“作为执政党，党员干部与人民群众的关系就是公仆与主人的关系”。习近平对这种同志关系的探索不仅仅停留在理论层面，还身体力行地在实践上予以推动。他担任浙江省委书记期间，推行领导干部“下访”制度，指出“领导下访是一举多得的有益创举”。到群众中去、到基层去，把矛盾化解在基层，到基层群众中去开门办公，直接跟老百姓互动。在为民办事的过程中，如果当场能够解决得了的，就当场解决；如果当场解决不了的，就记下来。坚持“问题就是时代的口号”，“只有立足于时代去解决特定的时代问题，才能推动这个时代的社会进步。”坚持主仆关系，以问题为导向，主动充分地跟老百姓沟通、接触，且诚心实意为老百姓解决问题，这是新时期基层工作方法的一个创举，是探索党的作风建设的一种制度创新。

1. 构建干群互信桥梁

新时期，随着经济社会快速发展，人民生活越来越好，但随着社会主义现代化建设事业不断推进，项目落户、征地拆迁等所带来的利益问题会时时出现，已成为制约经济社会长期平稳发展的重大因素，这就决定了关注民生比以往任何时期都更为重要和紧迫。因此，群众工作要从人民群众最关心、最直接、最现实的利益问题入手，着力解决民生问题这个群众工作的着力点，发挥党员干部对工作的热情和积极性会使工作取得很好的效果，但工作得慢慢干，路得慢慢走。正所谓“不积跬步，无以至千里，不积小流，无以成江海”。大事小事都是如此，干群搞关系也是如此。一要学会换位思考。设身处地多想一想普通老百姓的生活状况，尤其是困难群众的生活境遇，只有这样，才能对百姓有真挚感情，才能为老百姓办实事好事。二要端正对群众的态度，像对待父母兄弟一样真心对待百姓、善待百姓。三要以平等的人格真诚地贴近群众，与他们同坐一条板凳，放下架子，多讲些老百姓听得懂、接地气的话，从语言和感情上贴近群众。牢固树立群众观点，坚持群众路线，坚决站稳群众立场，真正做到思想上尊重群众，政治上代表群众，感情上贴近群众，行动上深入群众，工作上为了群众，唯有如此，才能真正赢得民心，达到干群互信、同舟共济的效果。

2. 畅通沟通渠道真正体现以民为本

沟通渠道是信息传递的渠道。党群沟通必须借助一定的载体，这个载体就是沟通渠道。在我国，主要有党政机关中的信息沟通渠道和新闻媒体、思想信息库、社团组织、电子网络信息渠道。但当下有效的沟通渠道单一，主要依靠党组织和政府这一渠道，而对其他渠道的利用不够。一些地方的“网格化管理 组团式服务”在信息渠道畅通方面弥补了一定的缺陷，使传统的党群沟通机制中，下行沟通（党的政策的传递）中的信息流量较大且流速较快，信息的流失、歪曲和失真现象减少，同时又加速推动了上行信息的流通，即反映农民对涉及自身利益的决策、方案发出声音，寻求维护的信息。这样可以减少矛盾发生，避免因信息阻塞导致情绪对立，同时加强了党和政府同群众的联系沟通，有利于增强人们对党和政府的信任感和认同度。为此，一要巩固基层党组织性沟通渠道，使其内部资源的配置达到“帕累托最优”状态。譬如，通过规范农村信访机关职能、政策调研部门职能，使其职责明确、责任到位；村民委员会组织法、村务公开条例、农村信访条例只有涉及党群沟通才能最终拍板，权利才能付诸实施。二要拓宽社会性沟通渠道，使农民获取信息和传递信息便利快捷。譬如，基层组织开通民情邮箱、民情 QQ、村情电子滚动屏电视广播等形式，零距离、全方位、多角度解民情，知民意，听民声，架起与群众沟通的彩虹桥。三要鼓励在农村成立民间社团，扮演好农民代言人的角色。农村地广面宽，社会成员复杂，要实现群众积极、有序的参与，有效途径就是成立好民间社团，使群众成为利益诉求和表达主体，这样社团才能综合准确传输社情民意。

（三）正确学习运用“枫桥经验”要创新社会治理

创新社会治理是中共十八届三中全会提出的一个新的重大历史命

题。较之以前提出的加强和创新社会管理，这次会议的决定提出了创新社会治理，说明我们对整个国家社会发展这个目标有了更加清晰的认识。

1. 创新社会治理需要发挥社会组织活力

社会管理重点强调的是党委和政府，应该加强管理和服务，而社会治理的最基本特征就是主体的平等性、多元性。这个主体不仅仅包括党委和政府，也包括企业、非政府组织，还包括广大人民群众。因此，社会治理创新的基础是要激发社会各个层面的活力。不仅党委、政府应该有它的领导地位和主导地位，而且社会组织、企业、广大人民群体，在现代化过程中都应该发挥各自应有的作用。

当前我国依法登记的45万个社会组织在整个社会治理和社会建设中，地位、作用和扮演的角色都不是很清晰。大部分民间社会组织，包括协会、慈善组织、基金会，如果想合法化的话，都是需要双重管理的，即必须同时在民政部门登记，而且在登记之前，必须先找到挂靠单位。还有很多社会组织，以前是政府体系里面的一个组成部分，后来尽管慢慢被剥离开来，但仍具有官方色彩，被赋予了行政级别，其独立生存和发展能力是极其有限的。所以，社会组织无论是草根组织还是剥离出来的这个社会组织，都没有太多的活力。前者是非法人，后者由于长期依附于政府，所以自己独立生存的能力有限，积极性难以发挥。中共十八届三中全会对激发社会组织活力作出了系统安排，因此，创新社会治理、激发社会各个层面的活力，必须要正确处理政府和社会的关系。

首先，逐步形成政府主导下多方参与的体系。只有让社会组织有自己的发展空间，能获得资源持续发展，它才有活力，所以要正确处理政府和社会组织的关系，让社会组织真正责权分明、依法自治，并且最终使其作用得到充分发挥。

其次，积极探索政府向社会组织购买公共服务。这是符合世界潮流的一种新理念和新途径。目前正在广泛实践社会公共服务的多个领域。政府向社会组织购买公共服务就是适合由社会组织做的公共服务和解决的事项，全部委托给社会组织来承担。这不仅促进了政府职能的转变，推动了资源的高效整合利用，而且促进了社会组织的又好又快发展。但从目前来看，还有许多不尽如人意的地方，如观念问题、制度配套问题等，还需要我们在实践中加以探索。

再次，支持和发展志愿服务组织。共青团、工会、妇联和科协都有自己支持的志愿服务组织，但是如果要激发社会组织的活力，就一定要让志愿服务组织有它一定的空间，而不应是运动式的、政府从上而下发动起来的并带有更多行政色彩的自愿服务。

最后，培育独立生存和发展的行业协会和商会。中共十八届三中全会专门提出了要限期实现行业协会商会与行政机关真正的脱钩，重点培育发展那些行业协会和商业一类科技类公益慈善组织，城乡社区服务类的这种社会组织，直接依法申请。这使过去的行业协会和商会，与行政机构脱钩，真正成为独立的社会组织。这是社会组织活力的一个重要表现。

2. 创新社会治理需要依法治国

“枫桥经验”告诉我们，创新群众工作方法，依法办事是关键，领导干部是关键。各级领导干部要以身作则，以自身的带头学法信法遵法用法带动人民群众学法、信法、遵法、用法，引导人民群众从内心相信法律、自觉运用法律，既把法律作为保障自身权利的重要工具，也把法律作为规范自身活动的行为准则，以理性、合法的方式表达诉求、维护权益。只有这样，才能推动形成办事依法、遇事找法、解决问题用法、化解矛盾靠法的良好法治环境，在法治轨道上把“枫桥经验”坚持好、发展好，把党的群众路线坚持好、贯彻好。

3. 创新社会治理要做好基层社区治理工作

（1）进一步完善社区经费保障机制

科学、合理的财政经费是保障城市社区治理的重要基础。从当前来看，社区治理的经费保障机制还不完善，社区正常运转的财政投入不足。加大涪陵区社区工作人员的经费投入，提高社区工作者报酬待遇。要建立健全多渠道、多元化资金投入机制，除了市区两级财政正常的投入，相关部门争取的项目建设资金也要重点向社区倾斜。要鼓励各级党政部门和有关单位结对帮扶社区，鼓励和引导企业和个人以资金、物资、技术等方式支持社区建设。

（2）进一步完善社区治理人才保障机制

加强社区管理职业人才队伍建设是创新和推进社会管理的重要手段。一是要加强社区工作力量配备。依章依法选齐、配齐社区“两委”班子成员，按照专业化、职业化要求配齐社区专职工作人员，对辖区人口较多、服务管理任务较重的社区，可根据实际需要适当增加社区工作人员。二是要创新社区用人机制。提倡社区“两委”成员交叉任职，鼓励党政机关和企事业单位优秀年轻干部到社区帮助工作，鼓励高校毕业生、复转军人等优秀人才到社区担任专职工作人员。三是要提高社区工作者的综合素质。逐步扩大社会工作师和助理社会工作师在社区工作人员中的比例，制定社区工作者培训计划，开展经常性、专业性的教育培训活动，不断提高社区工作者的依法办事、服务群众的能力。四是要关心社区工作者的成长进步。积极从优秀社区工作者中培养发展党员，推选符合条件的优秀社区工作者担任各级党代会代表、人大代表、政协委员，加大从优秀社区工作者中考录公务员和选任街道（乡镇）机关、事业单位领导干部的力度。

（3）创新社区组织结构

通过对社区组织结构创新，进一步强化社区党组织的领导核心地位，使社区多元利益主体在党组织的统筹协调下，形成多元互动、优势互补、共建共享的社区治理新格局。在一些成熟的或有社区资产的社区，可以借鉴现代企业的治理结构，在社区层面建立社区理事会（议事会）和社区监事会。由社区居民、驻区单位、社会团体等热心社区工作、参与能力较强的各方代表组成社区理事会，对社区事务议事、决策。社区监事会是社区成员代表大会闭会期间的常设民主议事监督机构，它由辖区内热心公益、议事能力强、为人正派的党员代表、人大代表、政协委员、知名人士、居民代表、单位代表等各方面人员组成。

（4）进一步做好社区矫正工作

为进一步做好社区矫正工作，涪陵区专门出台了《关于进一步加强社区矫正工作的实施意见》的文件，这是为推进依法治区、建设“平安涪陵”的必然措施之一。为做好社区矫正工作，有力推进社区矫正“大矫治”体系建设，涪陵区一些乡镇也成立了专门的社区矫正机构，如敦仁街道成立了社区矫正工作站，明确了工作站的基本职责、主要任务。社区矫正的对象作为重点人群，必须从维护全区稳定的高度予以高度关注。

（四）正确学习运用“枫桥经验”要培育公众参与反腐的自觉意识

参与型政治文化要求公民具有强烈的主体意识、民主意识和参政意识，要求公民通过有效方式积极参与政策过程，以自己独立的方式影响政策制定和执行。因此推进公众参与反腐倡廉建设必须塑造全新的参与型政治文化。当前，人民群众参与反腐败的方式主要有信件、电话、来访举报等直接参与和民主评议、舆论监督等间接参与两种。直接参与的形式，除了信访举报、上访等主要方式，参与手段比较单一，渠道还不够宽泛；间接参与的形式，受监督主体的身份、年龄、知识层次等因素制约，参与面不广，往往只有公示、听取意见、咨询、听证等很少的方式。加之部分群众对相关的政策、法规、条例不甚了解，对参与反腐败的途径、方法不清楚，对如何行使监督权比较茫然，这在一定程度上影响了人民群众参与效果和作用的发挥。

1. 引导反腐心理

要积极发挥党风廉政“大宣教”优势，充分利用党报、党刊、网络、广播、电视等新闻媒体和廉政文化传播的多种形式，大力宣传反腐败对改革、发展、稳定大局的政治保证作用，宣传党和国家关于反腐败的方针、政策，宣传反腐败各项工作的动态和成效，形成持续的价值渗透和影响，培植广大群众个体的防腐意识，消除反腐败斗争与己无关的错误认识，增强群众反腐败的自觉性、责任感和使命感，激发公众的参与热情。

2. 提升参与能力

参与能力的提升在某种程度上决定着公众参与的成败。首先，要大力发展文化教育和科学技术，提高公民的文化素质，使每位公民都成为有理性思维的、能真正运用自己的文化知识的政策参与者。其次，切实加强对公民反腐倡廉相关政治知识和技能的传授，让公民了解政治结构和政治过程，懂得如何通过参与来维护社会正义、规范公共权力、保护和实现自己的合法利益，着力培养公民的民主政治行为能力。最后，大力普及反腐倡廉法规制度、政策规定，加深群众对反腐机构职责、各机构受理检举投诉类别、参与渠道和程序的了解，使有关政策家喻户晓、参与深入人心。反腐败是一项较为复杂的工作，不仅需要极高的热情，更需要高超的智慧和技能。如何在复杂的官僚体系中保持廉洁？如何正确处理亲情、友情与制度、原则之间的关系？如何做到自律以增强抵制腐败诱惑的能力？如何管理好利益冲突，从源头预防腐败？如何影响周围的人，让他们也参与反腐败？这些问题都需要认真对待，而政府和教育机构应该加大这方面的宣传和培训力度。就国家公职人员来说，各级政府及其纪检监察机构应该提供更多的反腐败培训，让他们掌握持廉拒腐的技能；就普通公众来讲，政府和社区应该多做些参与反腐技能的宣传，不断提高公众参与反腐倡廉的能力和水平。

3. 培育群众观点

习近平在《习近平谈治国理政》一书中指出，我们党来自人民、植根人民、服务人民，党的根基在人民、血脉在人民、力量在人民。失去了人民的拥护和支持，党的事业和工作就无从谈起。中国共产党的发展壮大离不开人民群众的支持，人民群众是中国共产党的衣食父母，没有人民群众的拥护，中国共产党就不可能取得抗日战争的胜利、解放战争的胜利，不可能取得政权。一部党的发展历史，就是中国共产党得到人民群众拥护与支持的历史。对此，习近平在该书中深刻地指出，只有真正懂得人民是我们力量的源泉，中国共产党才能做到没有完成不了的任务。习近平同志在对党领导改革开放以来的实践经验进行总结时，特别强调了人民群众蕴含着无穷的智慧。他指出："改革开放的每次突破和发展，每个新生事物的产生和发展以及每个方面经验的创造和积累，无不来自亿万人民的实践和智慧。"不难看出，习近平始终坚持向人民群众学习，不断汲取智慧。

要经常对广大党员干部开展党的性质、宗旨和马克思主义群众观点、群众路线的教育，加大对落实领导接待日、领导调研等情况的监督。使党员干部特别是领导干部真正强化人民群众是历史的创造者的意识、全心全意为人民服务的意识、权力由人民赋予的意识、对党负责与对人民负责相一致的意识，提高广大公务人员自觉接受民主监督和法纪约束的意识。

4. 完善保障机制

廉政建设公众参与一个重要的表现形式就是举报腐败分子，但是举报又潜藏着遭受打击报复的风险。作为理性的个体，趋利避害的本能可能使公民选择不作为的方式——视而不见或听之任之，因此，党和政府的纪检监察机关和司法机关应实行一些保护措施和奖励措施，鼓励群众积极举报。揭露腐败行为通常需要极大的勇气，举报人都希望最大限度地得到保密，不希望举报会给其招致灾祸。因此要建立一些新的方法来保护举报人，以减少人们对报复的恐惧和鼓励更多的人勇敢举报。中国香港廉政公署对举报者信息的保护非常认真严肃，其内部计算机和档案系统监控严格，只有经过严格审查才可以接触有关举报者的信息，系统对举报档案进行自动筛选并对过时的信息进行撕碎处理。此外，中国香港的法律禁止披露廉政公署的任何信息来源。奖励举报人和查处打击报复举报人案件，是举报工作的重要组成部分。首先，要保证奖励举报人的经费落实，及时奖励举报人。举报人向纪检监察机关举报腐败分子，具有风险性和成本性，因而，对监督得力、举报属实的公众，应当及时给予必要的物质奖励，提高群众的举报热情。其次，要及时查处打击报复举报人的案件。腐败分子不甘心被揭发被检举，必然对举报人怀恨在心，想方设法地对举报人实施打击报复。为保护举报人的合法权利，对打击报复举报人的案件更要加大查处力度，对于构成犯罪的要坚决依法追究其刑事责任，对违纪的要及时移送纪检监察部门严肃处理，以维护举报人的合法权利，维护举报的声威。

经验告诉我们，对检举腐败行为并因此可能遭受报复或威胁的人，要尽可能地提供必要的保护，相关部门既要有效地对检举人的信息保密，更有责任保护那些出于对公众利益真正关心而揭露事实真相的检举人，进而解决检举人的后顾之忧，保障公众参与的顺利进行。

后　记

《基层社会治理理论与实践》是为了适应干部教育培训工作需要而出版的一部培训教材和理论著作。整个编辑工作在编委会的直接领导下进行，中共重庆市委党校涪陵分校、中共重庆市涪陵区委党校、涪陵行政学院、涪陵社会主义学院常务副校（院）长彭道伦教授、校务委员颜晓梅、区情研究室主任倪春华任主编，负责设计全书体系框架、拟订编写提纲和统稿、定稿。

本培训教材的具体编写分工如下：第一章，倪春华；第二章，余浩；第三章，曹淞茹；第四章，刘世强；第五章，梁晓宇；第六章，向鑫；第七章，倪春华、杜成武；第八章，倪春华；第九章，黄赟琴；第十章，陈力；第十一章，彭丽丽。

《基层社会治理理论与实践》的出版，是各位理论工作者辛勤劳动的结果。同时，在撰写中我们也借鉴和参考了许多专家学者的研究成果和相关资料，在此一并致以真诚的谢意。

由于基层社会治理研究工作刚刚起步，本书的研究还有许多不足之处，有待于进一步深化，故现在奉献给读者的还只能是引玉之作，敬请读者批评指正。

编委会

2015 年 8 月